中等职业教育规划教材

U0853810

数学练习册

（基础模块·上册）

主　编　张玉婷　黄　静

副主编　卢曙红　赖　铭　王建华　郭青梅
　　　　吴庆琼　段永军　王统增　周会明
　　　　高晓兵

参　编　刘晓娟　黄哲君　訾雪萍　廖　培
　　　　朱　军　刘晓宇　潘秋梅　姚晓星
　　　　胡　真

中国人民大学出版社

·北京·

图书在版编目（CIP）数据

数学练习册：基础模块．上册/张玉婷，黄静主编．—北京：中国人民大学出版社，2019.9
中等职业教育规划教材
ISBN 978-7-300-27377-8

Ⅰ.①数… Ⅱ.①张… ②黄… Ⅲ.①数学课-中等专业学校-习题集 Ⅳ.①G634.605

中国版本图书馆 CIP 数据核字（2019）第 187800 号

中等职业教育规划教材
数学练习册（基础模块·上册）
主　编　张玉婷　黄　静
副主编　卢曙红　赖　铭　王建华　郭青梅
　　　　吴庆琼　段永军　王统增　周会明
　　　　高晓兵
参　编　刘晓娟　黄哲君　訾雪萍　廖　培
　　　　朱　军　刘晓宇　潘秋梅　姚晓星
　　　　胡　真
Shuxue Lianxice（Jichu Mokuai · Shangce）

出版发行	中国人民大学出版社		
社　　址	北京中关村大街 31 号	**邮政编码**	100080
电　　话	010－62511242（总编室）		010－62511770（质管部）
	010－82501766（邮购部）		010－62514148（门市部）
	010－62515195（发行公司）		010－62515275（盗版举报）
网　　址	http://www.crup.com.cn		
经　　销	新华书店		
印　　刷	天津中印联印务有限公司		
规　　格	185 mm×260 mm　16 开本	**版　　次**	2019 年 9 月第 1 版
印　　张	10	**印　　次**	2022 年 2 月第 5 次印刷
字　　数	208 000	**定　　价**	26.00 元

前　言

为了让学生适应中等职业教育数学科目的教学要求，更牢固地掌握教材知识点，我们根据《中等职业学校数学课程标准》及《2019 年广东省普通高等学校招收中等职业学校毕业生考试大纲》，组织中职教育一线资深教师以最新的考纲、教材、教师参考用书、教学进度和近五年数学高职类高考试卷分析结果为主要依据编写了本练习册。

在编写过程中，编者深入分析《考试说明》中关于每个知识点能力层级的要求，最大限度地将考试中所需的能力体现在练习册的题目中。本练习册在题目设置上以基础题为主，涉及面广，涵盖书本中所有知识点，分章节进行每节一练，每章一考；在题型设计上既注重对基础知识的考查，也注重对学生思维能力的培养，难易梯度可满足不同层次的学生需求。

本练习册与《数学（基础模块・上册）》配合使用，主要用于学生课下练习和复习，每小节均有对应练习。每章学习结束有两套测试卷，A 卷为基础题，B 卷为提高题，题量适度，难易适中。认真完成练习是学好数学的必要条件，练习可使学生进一步理解基础知识，掌握常用的数学方法，形成基本技能，并养成良好的学习习惯。学生在完成练习时应注意以下几个方面：

（1）先复习，在弄懂课堂内容的基础上独立完成练习。

（2）认真审题，解题时应写出合理的步骤，书写、画图要规范、整洁。

（3）做错的题目要认真分析错误的原因并及时改正，要重视总结解题的基本思路和方法。

由于编者水平有限，时间仓促，书中难免存在不足之处，敬请读者提出宝贵意见和建议。

编者

2019 年 7 月

目　录

第1章　集合与充要条件

1.1　集合的概念

理论过关

1. 集合的三大特性：________性、________性和________性.

2. 元素 a 和集合 A 之间的关系：a ________ A 或 a ________ A.

3. 通常采用特定的大写英文字母表示几个常用的数集：自然数集________，正整数集________，整数集________，有理数集________，实数集________.

一、选择题

1. 下列说法中能表示集合的是（　　）.

A. 所有很大的数　　B. 某学校的高个子同学

C. 小于 5 的实数　　D. 聪明的人

2. 下列四个集合中，表示空集的是（　　）.

A. $\{\varnothing\}$　　B. $\{0\}$　　C. $\varnothing$　　D. $\{(0,0)\}$

3. 下列集合中为有限集的是（　　）.

A. 方程 $x^2-3x+2=0$ 的解集　　B. 大于 4 的自然数的全体构成的集合

C. 不等式 $x-3>0$ 的解集　　D. 周长为 12 的三角形的全体构成的集合

4. 已知集合 $\{x \mid x>10\}$，$a=3$，则（　　）.

A. $\{a\}\in A$　　B. $a\in A$　　C. $a\notin A$　　D. $a\in\varnothing$

5. 设 $M=\{3\}$，则下列写法正确的是（　　）.

A. $3=M$　　B. $3\in M$　　C. $3\notin M$　　D. $3<M$

二、填空题

6. 用适当的符号“$\in$”或“$\notin$”填空：

(1) 2 ________ $\{2,4,6\}$；　　(2) 15 ________ Z；

(3) π ________ Q；　　(4) 314 ________ R.

7. 用描述法表示不等式组 $\begin{cases} x\geqslant 1 \\ x\leqslant 1 \end{cases}$ 的解集________.

8. 已知集合 $A=\{x \mid x<3\}$，$a=2$，则 a 与 A 的关系为________.

三、解答题

9. 下列各集合中，哪些集合是空集？哪些集合是有限集？哪些集合是无限集？

(1) 方程 $x^2-3x-4=0$ 的解集；

(2) 方程$x^2+1=0$ 的解集；

(3) 小于 50 的所有自然数构成的集合；

(4) 所有偶数构成的集合.

10. 用列举法表示集合$\{(x,y) \mid 2x+y=4, x\in \mathrm{N}, y\in \mathrm{N}\}$.

11. 若集合$\{x \mid ax^2-2x+1=0\}$ 仅有一个元素，求实数 a 的取值范围.

1.2　集合之间的关系

理论过关

1. 子集定义：________，则 A 叫作 B 的子集，记作：________.

2. 真子集定义：A 是 B 的子集，且________，记作：________.

3. 集合 A 和集合 B 之间的关系：A ________ B；A ________ B；A ________ B；A ________ B；A ________ B.

4. 若集合 A 中有 n 个元素，则集合 A 的所有不同的子集个数为________，所有真子集的个数是________，所有非空真子集的个数是________.

一、选择题

1. 集合$\{0,2,4\}$的所有子集的个数是(　　).

A. 3 个　　B. 6 个　　C. 7 个　　D. 8 个

2. 已知集合 $A=\{x \mid x>5\}$，$m=6$，则下列各式正确的是(　　).

A. $\{m\} \subseteq A$　　B. $m \subseteq A$　　C. $m \notin A$　　D. $\{m\} \in A$

3. 集合$\{-1,0,1\}$的所有子集中，含有元素 0 的共有(　　).

A. 3 个　　B. 4 个　　C. 6 个　　D. 8 个

4. 下列说法中不正确的是(　　).

A. 空集是任何集合的子集

B. 空集是任何非空集合的真子集

C. 任何集合必有两个或两个以上的子集

D. 任何集合是它本身的子集

5. 设集合 $A=\{x,x^2,xy\}$，$B=\{1,x,y\}$，且 $A=B$，则 $x+y$ 的值为(　　).

A. 0　　B. 1　　C. -1　　D. 2

二、填空题

6. 集合$\{a,b\}$的子集有________个，真子集有________个.

7. 集合$\{1,2\}$的真子集有 3 个，它们是________.

8. 如果一个集合 A 由 6 个元素组成，它的真子集中有两个分别是 $B=\{a,b,c\}$，$C=\{a,d,e,f\}$，那么集合 $A=$ ________.

三、解答题

9. 设集合 $M=\{1,2,3,4\}$，写出 M 的所有子集，并指出其中哪些是它的真子集.

10. 若集合 A 所有真子集的个数是 31，则集合 A 中含有几个元素？

11. 已知集合 $A=\{x\mid x^2+ax+b=0\}$，$B=\{1,3\}$，若 $A=B$，求 $a+b$ 的值.

1.3　集合的运算

1.3.1　交集

理论过关

交集的定义：一般地，对于两个给定的集合 A，B，由________的所有元素组成的集合叫作 A 与 B 的交集，记作"A ________ B"，即 $A\cap B=$ ________.

一、选择题

1. 已知集合 $A=\{-3,0,1\}$，$B=\{-1,0,1\}$，则 $A\cap B=$（　　）.

A. $\{-1,1\}$　　B. $\{-3,0,1\}$　　C. $\{0,1\}$　　D. $\{-3,-1,0,1\}$

2. 已知 $M=\{1,3,4\}$，$M\cap N=\{1,4\}$，且集合 N 只有两个元素，则 $N=$（　　）.

A. $\{1,3\}$　　B. $\{3,4\}$　　C. $\{1,3,4\}$　　D. $\{1,4\}$

3. 若 $A=\{x\mid 0\leqslant x\leqslant 5, x\in \mathbf{N}^*\}$，$B=\{1,2,3,4\}$，则 $A\cap B=$（　　）.

A. $\{1,2\}$　　B. $\{2,3,4,5\}$　　C. $\{1,2,3,5\}$　　D. $\{1,2,3,4\}$

二、填空题

4. 已知集合 $A=\{2,3,8\}$，$B=\{1,a,6\}$，且 $A\cap B=\{8\}$，则 $a=$ ________.

5. 若 $A=\{x\mid x^2=9\}$，$B=\mathbf{Z}$，则 $A\cap B=$ ________.

6. 设 A，B 两个集合分别为 $A=\{(x,y)\mid x+y=10\}$，$B=\{(x,y)\mid x-y=2\}$，则 $A\cap B=$ ________.

三、解答题

7. 已知 $A=\{x\mid -3\leqslant x\leqslant 3\}$，$B=\{x\mid x-1>0\}$，求 $A\cap B$.

8. 设 $A=\{x\mid x$ 是等腰三角形$\}$，$B=\{x\mid x$ 是直角三角形$\}$，求 $A\cap B$.

1.3.2　并集

理论过关

并集的定义：一般地，对于两个给定的集合 A，B，由________的所有元素组成的集合叫作 A 与 B 的并集，记作"A ________ B"，即 $A\cup B=$ ________.

一、选择题

1. 已知集合 $M=\{1,4,5\}$，$N=\{2,3,5\}$，则 $M\cup N=$（　　）.

A. $\{1,2,3,4,5\}$　　B. $\{1,3,5\}$　　C. $\{1,2,5\}$　　D. $\{1,5\}$

2. 已知 $A=\{$正方形$\}$，$B=\{$矩形$\}$，则 $A\cup B=$（　　）.

A. $\{$矩形$\}$　　B. $\{$正方形$\}$　　C. $\{$菱形$\}$　　D. $\{$梯形$\}$

3. 已知 $\{m,a,p\}\cup\{m,n,p\}=\{m,n,p\}$，则 $a=$（　　）.

A. n　　B. m　　C. n 和 m　　D. p

二、填空题

4. 已知集合 $A=\{0,4,5,8\}$，$B=\{3,4,7\}$，则 $A\cup B=$ ________.

5. 设集合 $A=\{m,n\}$，集合 B 满足 $A\cup B=\{m,n\}$，则集合 B 最多有________个元素.

6. 若 $A=\{1,4\}$，$B=\{x\mid 1\leqslant x\leqslant 4, x\in \mathbf{Z}\}$，则 $A\cup B=$ ________.

三、解答题

7. 已知集合 $A=\{0,2,3\}$，$B=\{0,3,a\}$，且 $A\cup B=\{0,2,3,5\}$，求实数 a 的值.

8. 已知集合 $A=\{x \mid x^2-9=0\}$，$B=\{x \mid x-5=0\}$，求 $A \cup B$.

1.3.3 补集

理论过关

1. 在研究某些集合时，这些集合常常是一个给定集合的子集，这个给定的集合叫作________，一般用________表示.

2. 补集的定义：如果集合 A 是全集 U 的子集，那么，由________的所有元素组成的集合叫作 A 在全集 U 中的补集，记作“________”，即 $\complement_U A=$ ________.

一、选择题

1. 若 $U=\{1,2,3,4\}$，$A=\{3,4\}$，则 $\complement_U A=$（　　）.

A. $\{1,2,3\}$　　B. $\{1,2,4\}$　　C. $\{2,3,4\}$　　D. $\{1,2\}$

2. 设全集 $U=\mathrm{R}$，$A=\{x \mid x<5\}$，则 $\complement_U A=$（　　）.

A. $\{x \mid x<5\}$　　B. $\{x \mid x\leqslant 5\}$　　C. $\{x \mid x>5\}$　　D. $\{x \mid x\geqslant 5\}$

3. 若 $U=\{x \mid 0\leqslant x<3\}$，$A=\{x \mid x<2\}$，则 $\complement_U A=$（　　）.

A. $\{x \mid 2\leqslant x<3\}$　　B. $\{x \mid x\leqslant 3\}$

C. $\{x \mid 2<x\leqslant 3\}$　　D. $\{x \mid 2<x<3\}$

二、填空题

4. 设全集 $U=\mathrm{R}$，集合 $A=\{x \mid x<6\}$，则 $\complement_U A=$ ________.

5. 设全集 $U=\{a,b,c,d,e,f,g,h\}$，集合 $M=\{a,c,e,h\}$，则 $\complement_U M=$ ________.

6. 设全集 $U=\mathrm{R}$，$A=\{x \mid x\leqslant 5\}$，则 $A\cap\complement_U A=$ ________.

三、解答题

7. 设集合 $U=\{x \mid -1\leqslant x\leqslant 5\}$，$A=\{x \mid -1\leqslant x\leqslant 1\}$，$B=\{x \mid 0\leqslant x\leqslant 3\}$，求 $\complement_U(B\cap A)$.

8. 已知全集 U，集合 $A=\{1,3,5,7,9\}$，$\complement_U A=\{4,6\}$，$\complement_U B=\{1,4,7\}$，求 $\complement_U(A\cup B)$，$\complement_U(A\cap B)$.

1.4　充要条件

理论过关

若 $p\Rightarrow q$，则 p 是 q 的________条件，q 是 p 的________条件；
若 $p\Leftarrow q$，则 p 是 q 的________条件，q 是 p 的________条件；
若 $p\Leftrightarrow q$，则 p 是 q 的________条件.

一、选择题

1. “$x=3$”是“$x^2=9$”的(　　).

A. 充分不必要条件　　B. 必要不充分条件
C. 充要条件　　D. 既不充分也不必要条件

2. “$x=1$”是方程“$x^2-3x+2=0$”的(　　).

A. 充分不必要条件　　B. 必要不充分条件
C. 充要条件　　D. 既不充分也不必要条件

3. “$xy<0$”是“$x>0$ 且 $y<0$”的(　　).

A. 充分不必要条件　　B. 必要不充分条件
C. 充要条件　　D. 既不充分也不必要条件

二、填空题

4. “$a>3,b<6$”是“$a+b>9$”的________条件.

5. “$ab=0$”是“$a^2+b^2=0$”的________条件.

6. 已知 $p:x\in M$ 且 $x\in N$，$q:x\in M\cup N(M,N\neq\varnothing)$，那么 p 是 q 的________条件(填“充分不必要”“必要不充分”“充要”).

三、解答题

7. 设 $p:x=-1$，$q:x^2-2x-3=0$，求 p 与 q 的关系.

8. 已知 p 是 q 的充要条件，p 是 s 的必要条件，那么 q 是 s 的什么条件？

单元总复习

一、选择题

1. 若 $A=\{(x,y)\mid 3x+2y=5\}$，$B=\{(x,y)\mid 5x-y=17\}$，则 $A\cap B=$（　　）.

A. $\{3,-2\}$　　B. $\{(3,-2)\}$　　C. $(3,-2)$　　D. $\{(-2,3)\}$

2. 下列关系正确的是（　　）.

A. $0=\varnothing$　　B. $\{0\}=\varnothing$　　C. $\varnothing\subseteq\{0\}$　　D. $(0,1)\in\{0,1\}$

3. $a>b$ 是 $ac^2>bc^2$ 的（　　）.

A. 充分条件　　B. 必要条件

C. 充要条件　　D. 既非充分又非必要条件

4. 集合 $\{a,b\}$ 一共有（　　）个真子集.

A. 8　　B. 3　　C. 7　　D. 4

5. $x=-1$ 是 $x^2-2x-3=0$ 的（　　）.

A. 充分但非必要条件　　B. 必要但非充分条件

C. 充要条件　　D. 既不充分也不必要条件

6. 已知集合 $A=\{1,2,3,4\}$，$B=\{2,4,6\}$，则 $A\cap B=$（　　）.

A. $\{2\}$　　B. $\varnothing$　　C. $\{2,4\}$　　D. $\{1,2,3,4,6,7\}$

7. 已知集合 $A=\{1,2,3,4,5\}$，$B=\{3,5,7\}$，则 $A\cup B$ 是（　　）.

A. $\{3,5,7\}$　　B. $\{2,3,5\}$　　C. $\{3,4,5\}$　　D. $\{1,2,3,4,5,7\}$

8. 已知全集 $U=\mathbf{R}$，$A=\{x\mid x<\sqrt{13}\}$，$a=\sqrt{11}$，则（　　）.

A. $a\notin A$　　B. $\{a\}\in A$　　C. $a\in \complement_U A$　　D. $\{a\}\subseteq A$

9. 已知集合 $M=\{x\mid -2\leqslant x<\sqrt{5}\}$，则下列各式中不正确的是（　　）.

A. $2\in M$　　B. $0\in M$　　C. $\{-\sqrt{2}\}\subseteq M$　　D. $-1\subseteq M$

10. 集合 $\{x,y,z\}$ 含有元素 x 的子集的个数为（　　）.

A. 3 个　　B. 4 个　　C. 5 个　　D. 6 个

11. 设 x,y 为实数，则 $x^2=y^2$ 的充要条件是（　　）.

A. $x=y$　　B. $x=-y$　　C. $x^3=y^3$　　D. $|x|=|y|$

12. 已知集合 $A=\{(x,y)\mid x-2y=1\}$，$B=\{(x,y)\mid x+3y=6\}$，则 $A\cap B=$（　　）.

A. $\{1,3\}$　　B. $\{3\}$　　C. $\{1\}$　　D. $\{(3,1)\}$

二、填空题

13. 设 $I=\{-1,0,1,2,3,4,5\}$，$A=\{-1,0,1\}$，$B=\{0,1,2\}$，则 $(\complement_I A)\cap B=$________.

14. 设集合 $A=\{x\mid -3\leqslant x\leqslant 2\}$，集合 $B=\{x\mid -1<x<3\}$，则 $A\cup B=$________.

三、解答题

15.(1) 写出集合 $A=\{0,1,2\}$ 的所有真子集.

(2) 已知 $U=\mathbf{R}$,且 $A=\{x \mid x^2-3x+2>0\}$,求 $\complement_U A$.

集合与充要条件单元综合测试 A 卷

（时间 90 分钟，满分 100 分）

一、选择题（本大题共 12 小题，每小题 4 分，满分 48 分，在每小题的四个选项中，只有一项是符合题目要求的）

1. 下列四句话中能表示集合的是（　　）.

A. 一切很小的数　　B. 所有容易的题目

C. 高个子的学生　　D. 大于 3 的自然数

2. 由大于 -3 且小于 8 的偶数组成的集合是（　　）.

A. $\{x \mid -3 < x < 8\}$　　B. $\{x \mid x > 8\}$

C. $\{x \mid -3 < x < 8, x = 2n, n \in \mathrm{N}\}$　　D. $\{x \mid -3 < x < 8, x = 2n, n \in \mathrm{Z}\}$

3. 已知 $A = \{1,3,5,7\}$，$B = \{1,2,4,5\}$，则 $A \cap B =$（　　）.

A. $\{1,3,5\}$　　B. $\{1,2,3,4,5,7\}$

C. $\{1,2,4,5\}$　　D. $\{1,5\}$

4. 设全集 $U = \{-1, -2, -3, -4, -5\}$，$A = \{-2, -4\}$，则 $\complement_U A =$（　　）.

A. $\{-1, -2, -3, -5\}$　　B. $\{-1, -3, -5\}$

C. $\{-1, -2, -5\}$　　D. $\{-1, -2, -3, -4, -5\}$

5. 集合 $A = \{(x,y) \mid x + y = 0\}$，$B = \{(x,y) \mid 2x - 3y - 5 = 0\}$，则 $A \cap B =$（　　）.

A. $(1, -1)$　　B. $\{1\}$　　C. $\{1, -1\}$　　D. $\{(1, -1)\}$

6. 已知 $A = \{x \mid -1 \leqslant x \leqslant 2, x \in \mathrm{Z}\}$，$B = \{-1,0,1\}$，则 $A \cup B =$（　　）.

A. $\{-1,0,1\}$　　B. $\{-1,0\}$　　C. $\{0,1\}$　　D. $\{-1,0,1,2\}$

7. 设全集 $U = \{x \mid |x| \leqslant 10\}$，$A = \{x \mid -1 < x < 1\}$，则 $\complement_U A =$（　　）.

A. $\{x \mid x < -1\}$　　B. $\{x \mid x < -1$ 或 $x > 1\}$

C. $\{x \mid x \leqslant -1$ 或 $x \geqslant 1\}$　　D. $\{x \mid -10 \leqslant x \leqslant -1$ 或 $1 \leqslant x \leqslant 10\}$

8. 设 $M = \{x \mid x \geqslant 4\}$，$N = \{x \mid x^2 - 3x - 4 = 0\}$，则 $M \cup N$ 是（　　）.

A. $\{x \mid x = -1$ 或 $x \geqslant 4\}$　　B. M

C. $\varnothing$　　D. N

9. 集合 $A = \{x \mid x \leqslant a\}$，$B = \{x \mid -2 \leqslant x < 3\}$，若 $A \cap B = \varnothing$，则 a 满足（　　）.

A. $a < 3$　　B. $a \geqslant 3$　　C. $a < -2$　　D. $-2 \leqslant a < 3$

10. "$A \cap B = A \cup B$" 是 "$A = B$" 的（　　）.

A. 充分不必要条件　　B. 必要不充分条件

C. 充要条件　　D. 既不充分也不必要条件

11. 设全集 $U = \mathrm{R}$，集合 $A = \{x \mid x \leqslant -1\}$，$B = \{x \mid x > 3\}$，则集合 $\complement_U (A \cup B) =$（　　）.

A. $\{x \mid x \leqslant -1$ 或 $x > 3\}$　　B. $\{x \mid -1 < x < 3\}$

C. $\{x \mid -1 \leqslant x \leqslant 3\}$　　D. $\{x \mid -1 < x \leqslant 3\}$

12. “方程 $ax^2+bx+c=0(a \neq 0)$ 有两个不等的实数解”是“$b^2-4ac>0$”的(　　).

A. 充分不必要条件　　B. 必要不充分条件

C. 充要条件　　D. 既不充分也不必要条件

二、填空题(本大题共 8 小题,每小题 4 分,共 32 分)

13. 设 $A=\{3,4,5,6,7\}$,$B=\{1,3,5,7,9\}$,则 $A \cup B$ 的元素个数为________.

14. 集合 $\{1,2\}$ 的所有子集为________.

15. 集合 $A=\{1,2,7\}$,$B=\{5,7\}$,则 $A \cap B=$________.

16. 若 $A \cap B=B$,则 $A \cup B=$________.

17. 设 $U=\mathbf{R}$,$A=\{x \mid x>3\}$,$B=\{x \mid x<-4\}$,则 $\complement_U(A \cap B)=$________.

18. 若 $2-\frac{a}{1+a} \in \{1,a\}$,则 $a=$________.

19. 集合 $\{-1,1,2,3\}$ 的真子集个数为________个.

20. $|x|>1$ 是 $x<-1$ 的________条件(填“充分”“必要”“充要”).

三、解答题(本大题共 4 小题,每小题 5 分,共 20 分)

21. 若全集 $U=\{0,3,2-a\}$,$A=\{0,a^2-2a\}$ 且 $\complement_U A=\{-1\}$,求 a 的值.

22. 已知 $A=\{x \mid x<-m\}$,$B=\{x \mid 4<x<9\}$,若 $A \cap B=\varnothing$,求 m 的取值范围.

23. 若集合 $A=\{(x,y)\mid 3x+2y=1\}$, $B=\{(x,y)\mid 6x+a^2y=a\}$,并且 $A\cap B=\varnothing$,求 a 的值.

24. 给出下列两组命题:

(1) p:$x-2=0$,q:$(x-2)(x-3)=0$;

(2) p:两个三角形相似,q:两个三角形全等.

试分别指出 p 是 q 的什么条件.

集合与充要条件单元综合测试 B 卷

（时间 90 分钟，满分 100 分）

一、选择题（本大题共 12 小题，每小题 4 分，满分 48 分，在每小题的四个选项中，只有一项是符合题目要求的）

1. 下列四句话中能表示集合的是（　　）.

A. 一切很大的数　　B. 高个子的同学

C. 本班学习较好的学生的全体　　D. 大于 4 的自然数

2. 已知 $A=\{1,2\}$，则下列各式中正确的是（　　）.

A. $1.5\in A$　　B. $1\in A$　　C. $\{2\}\in A$　　D. $\{1,2\}\in A$

3. 若集合 $A=\{x\mid x^2\leqslant 0\}$，则下列结论中正确的是（　　）.

A. $A\in\varnothing$　　B. $\varnothing\in A$　　C. $A\subsetneqq\varnothing$　　D. $\varnothing\subsetneqq A$

4. 已知 $A=\{1,3,5,7\}$，$B=\{1,2,4,5\}$，则 $A\cap B=$（　　）.

A. $\{1,3,5\}$　　B. $\{1,2,3,4,5,7\}$　　C. $\{1,2,4,5\}$　　D. $\{1,5\}$

5. 已知 $A=\{-1,-3,-5,-7\}$，$B=\{-1,-2,-4,-5\}$，则 $A\cup B=$（　　）.

A. $\{-1,-2,-3,-4,-5,-7\}$　　B. $\{-1,-3,-5,-7\}$

C. $\{-1,-2,-4,-5\}$　　D. $\{-1,-5\}$

6. 设全集 $U=\{1,2,3,4,5\}$，$A=\{2,4\}$，则 $\complement_U A=$（　　）.

A. $\{1,2,3,5\}$　　B. $\{1,3,5\}$

C. $\{1,2,5\}$　　D. $\{1,2,3,4,5\}$

7. "$x=2$"是"$x^2-4=0$"的（　　）.

A. 充分不必要条件　　B. 必要不充分条件

C. 充要条件　　D. 既不充分也不必要条件

8. 集合 $A=\{(x,y)\mid x-y=0\}$，$B=\{(x,y)\mid 2x-3y-1=0\}$，则 $A\cap B=$（　　）.

A. $(1,-1)$　　B. $\{1\}$　　C. $\{1,-1\}$　　D. $\{(-1,-1)\}$

9. 已知 $A=\{x\mid -1\leqslant x\leqslant 2,x\in \mathbf{Z}\}$，$B=\{-1,0,1\}$，则 $A\cap B=$（　　）.

A. $\{-1,0,1\}$　　B. $\{-1,0\}$　　C. $\{0,1\}$　　D. $\{-1,0,1,2\}$

10. "$ab=0$"是"$a=0$ 或 $b=0$"的（　　）.

A. 充分不必要条件　　B. 必要不充分条件

C. 充要条件　　D. 既不充分也不必要条件

11. 设全集 $U=\{2,3,5\}$，集合 $A=\{|a-5|,2\}$，$\complement_U A=\{5\}$，则 a 的值是（　　）.

A. 2　　B. 8　　C. 2 或 8　　D. -2 或 8

12. "方程 $ax^2+bx+c=0(a\neq 0)$ 有两个实数解"是"$b^2-4ac>0$"的（　　）.

A. 充分不必要条件　　B. 必要不充分条件

C. 充要条件　　D. 既不充分也不必要条件

二、填空题(本大题共8小题,每小题4分,共32分)

13. 设 $A=\{a,b,c,d,e\}$,$B=\{a,c,m\}$,则 $A\cap B$ 的元素个数为________.
14. 集合 $\{1,2,3\}$ 的所有真子集为________.
15. 集合 $A=\{-1,-2,3,4\}$,$B=\{-2,4\}$,则 $A\cup B$ ________.
16. 若 $A\cup B=B$,则 $A\cap B=$ ________.
17. 设 $U=\mathrm{R}$,$A=\{x\mid x<3\}$,$B=\{x\mid x>-4\}$,则 $C_U(A\cap B)=$ ________.
18. 若 $2-\dfrac{a}{1+a}\in\{1,a\}$,则 $a=$ ________.
19. 集合 $\{1,2,3\}$ 的子集个数为________个.
20. $x>1$ 是 $|x|>1$ 的________条件(填“充分”“必要”“充要”).

三、解答题(本大题共4小题,每小题5分,共20分)

21. 已知 $\{2,6,x,1\}\cap\{-2,x^2-x,1\}=\{1,2\}$,求 x 的值.

22. 已知 $A=\{x\mid x<n\}$,$B=\{x\mid 4<x<9\}$,若 $A\cap B=\varnothing$,求 n 的取值范围.

23. 若集合 $A=\{(x,y)\mid x-2y=1\}$,$B=\{(x,y)\mid 6x+y=2\}$,求 $A\cap B$.

24. 已知 m 是 n 的充分条件,m 是 s 的充要条件,问:n 是 s 的什么条件?

第 2 章　不等式

2.1　不等式的基本性质

2.1.1　比较实数大小的方法

理论过关

1. 将下列问题用不等式表示出来：

(1) x 是正数：________；

(2) x 是负数：________；

(3) x 是非正数：________；

(4) x 是非负数：________.

2. 实数与数轴上的点之间________对应.

3. 实数大小的基本性质：对于两个任意实数 a 和 b，有

$a-b>0\Leftrightarrow$ ________；$a-b=0\Leftrightarrow$ ________；$a-b<0\Leftrightarrow$ ________.

4. 作差比较法的一般步骤：________ → ________ → ________ → ________.

一、选择题

1. 若 a 是正数，b 是非负数，则 $a+b$ 的值(　　).

A. 一定是正数　　B. 可能为零　　C. 可能是负数　　D. 不确定

2. 若 x 为负数，则以下各式中一定为负数的是(　　).

A. $|x|$　　B. x^2　　C. $-x$　　D. $x-1$

3. 下列关系成立的是(　　).

A. $a+3>0\Leftrightarrow a>3$　　B. $a+3<0\Leftrightarrow a<3$

C. $a-3>0\Leftrightarrow a>-3$　　D. $a-3<0\Leftrightarrow a<3$

二、填空题

4. 比较大小(用“>”或“<”填空)：

(1) -5 ________ -10；　(2) $\frac{13}{17}$ ________ $\frac{11}{17}$；　(3) $\frac{7}{9}$ ________ $\frac{9}{11}$；

(4) $\frac{13}{17}$ ________ $\frac{13}{19}$；　(5) π^2 ________ 9；　(6) $\sqrt{10}$ ________ 4.

5. 比较大小：

(1) $1\frac{3}{5}$ ________ 1.5；　(2) $\sqrt{89}-1$ ________ 9.

三、解答题

6. 如果 $a<0$，比较 $(a+2)^2$ 与 $(a-2)^2$ 的大小．

7. 对任意实数 x，比较 x^2+3 与 $3x$ 的大小．

8. 如果 $x>0$，比较 $(\sqrt{x}-1)^2$ 与 $(\sqrt{x}+1)^2$ 的大小．

2.1.2　不等式的基本性质

理论过关

1. 不等式的传递性质：$a>b, b>c\Rightarrow$ ________．
2. 不等式的加法性质：$a>b\Rightarrow$ ________．
3. 不等式的乘法性质：$a>b, c>0\Rightarrow$ ________；或 $a>b, c<0\Rightarrow$ ________．
4. 加法性质的推论 1：$a+b>c\Rightarrow a$ ________ $c-b$．
5. 加法性质的推论 2：$a>b, c>d\Rightarrow a+c$ ________ $b+d$．
6. 乘法性质的推论：$a>b>0, c>d>0\Rightarrow ac$ ________ bd．

一、选择题

1. 已知 $a<b$,则下列不等式中成立的是(　　).

A. $a+2>b+3$　　B. $a+2<b+2$　　C. $2a>2b$　　D. $\frac{a}{-2}<\frac{b}{-2}$

2. 若 $p<q<0$,则下列不等式不成立的是(　　).

A. $pq>0$　　B. $\frac{1}{p}>\frac{1}{q}$　　C. $\frac{q}{p}>1$　　D. $\frac{p}{q}>1$

3. 若 $a<b<0$,则下列不等式正确的是(　　).

A. $|a|>|b|$　　B. $|a|<|b|$　　C. $a^3>b^3$　　D. $a^2<b^2$

4. 若 a,b 为任意实数,且 $a>b$,则(　　).

A. $\frac{a}{b}>1$　　B. $a^2>b^2$　　C. $ac>bc$　　D. $a-2>b-3$

5. 如果 $a>b,ab<0$,则(　　).

A. $b>0$　　B. $b\geqslant 0$　　C. $b<0$　　D. $b\leqslant 0$

二、填空题

6. 用“>”或“<”填空:

(1) 设 $a>b$,则 $a-3$ ________ $b-3$;(2) 设 $a>b$,则 $-2a$ ________ $-2b$;

(3) 设 $a<b$,则 $7a$ ________ $7b$;(4) 设 $a<b<0$,则 $|5a-1|$ ________ $|5b-1|$.

7. 由 $x<y$ 得到 $ax>ay$ 的条件是________.

8. 若 $a>b$,且 a,b 同号,则 $\frac{1}{a}-\frac{1}{b}$ ________ 0(填不等号).

9. 若 $a+b>0,b<0$,则 $|a|$ ________ $|b|$.

三、解答题

10. 如果 $-\frac{k}{3}>-\frac{k}{4}$,求 k 必须满足的条件.

11. 若 $a+b>0,c<0,bc>0$,则 $a-b$ ________ 0.

2.1.3　均值定理

理论过关

1. $\frac{a+b}{2}$ 叫作正数 a,b 的________值，$\sqrt{ab}$ 叫作正数 a,b 的________值.

2. 均值定理:两个正数的算术平均值________它们的几何平均值.

3. 均值定理用公式表示为________(其中 $a>0,b>0$)，当且仅当 $a=b$ 时等号成立.

一、选择题

1. 不等式 $a+b\geqslant 2\sqrt{ab}$ 恒成立的条件是(　　).

A. $a<0,b<0$　　B. $a<0,b>0$　　C. $a>0,b>0$　　D. $a>0,b<0$

2. 如果 $a,b\in \mathbf{R}^+$，且 $ab=9$，那么 $a+b$ 有(　　).

A. 最小值 9　　B. 最大值 6　　C. 最小值 6　　D. 最大值 9

3. 如果 $a,b\in \mathbf{R}^+$，且 $a+b=1$，那么 ab 有(　　).

A. 最小值$\frac{1}{4}$　　B. 最大值$\frac{1}{4}$　　C. 最小值$\frac{1}{2}$　　D. 最大值$\frac{1}{2}$

4. 若 $x>0$，要使 $x+\frac{4}{x}$ 取得最小值，则 x 必须等于(　　).

A. 1　　B. ± 2　　C. -2　　D. 2

5. 设 $0<a<1,0<b<1$，且 $a\neq b$，则 $a+b,2\sqrt{ab},a^2+b^2,2ab$ 中最大的一个数是(　　).

A. $2ab$　　B. $2\sqrt{ab}$　　C. a^2+b^2　　D. $a+b$

二、填空题

6. 若 $x>0,y>0$，且 $x+y=4$，则 xy 的最大值是________.

7. 已知 $0<x<10$，则 $x(10-x)$ 的最大值是________.

8. 如果 $a>0$，则 $a+\frac{16}{a}\geqslant$________.

9. 若 $a>0,b>0$，则$\frac{a}{b}+\frac{b}{a}$ 的最小值是________.

10. 如果 $x\neq 0$，则 $2x^2+\frac{9}{x^2}$ 的最小值是________.

三、解答题

11. 若 $2x+y=6$，且 $x,y\in \mathbf{R}^+$，求 xy 的最大值.

12. 已知 $0<x<3$，求 $x(6-2x)$ 的最大值.

13. 已知 $x>0$，求 $x+\dfrac{8}{x}-3$ 的最小值，并求此时 x 的取值.

2.2 区间

理论过关

1. 如果区间包含该端点的值，则该端点在数轴上用________点表示；如果区间不包含该端点的值，则该端点用________点表示.

2. 不包含两端点值的区间叫________，包含两端点值的区间叫________.

3. 实数集 R 可用区间表示为________，符号“$+\infty$”读作________，符号“$-\infty$”读作________.

4. 若 $a<b$，用区间表示下列不等式：

(1) $a\leqslant x\leqslant b$________；　(2) $a<x<b$________；　(3) $a<x\leqslant b$________；

(4) $a\leqslant x<b$________；　(5) $x\geqslant a$________；　(6) $x>a$________；

(7) $x\leqslant b$________；　(8) $x<b$________.

一、选择题

1. 由某不等式解得 $-1\leqslant x\leqslant 5$，则其解集可表示为（　　）.

A. $[-1,5]$　　B. $(-1,5)$　　C. $-1\leqslant x\leqslant 5$　　D. $\{-1\leqslant x\leqslant 5\}$

2. 下列说法正确的是（　　）.

A. $\{x\mid x>2\}$ 与 $(2,+\infty)$ 表示同一集合

B. 方程 $x^2-1=0$ 的解集为$[-1,1]$

C. $\{x \mid 0<x<1\}=[0,1]$

D. $\{1,2,3,4\}=[1,4]$

3. 区间$[3,9)$用集合描述法可表示为(　　).

A. $\{x \mid 3<x<9\}$　　B. $\{x \mid 3 \leqslant x<9\}$

C. $\{x \mid 3<x \leqslant 9\}$　　D. $\{x \mid 3 \leqslant x \leqslant 9\}$

4. 集合$\{x \mid x \in \mathrm{R}$，且 $x \neq 1\}$可用区间记法表示为(　　).

A. $(-\infty,0] \cup [2,+\infty)$　　B. $(-\infty,+\infty)$

C. $(-\infty,1] \cup [1,+\infty)$　　D. $(-\infty,1) \cup (1,+\infty)$

二、填空题

5. 集合$\{x \mid 0 \leqslant x<10\}$用区间表示为________.

6. 集合$\{x \mid x>-8\}$用区间表示为________.

7. 区间$(-\infty,3]$用集合表示为________.

8. $A=(-7,0)$，$B=[0,5]$，$A \cap B=$ ________，$A \cup B=$ ________.

9. 已知集合$A=(-3,6)$，集合$B=[0,6]$，则$A \cap B=$ ________，$A \cup B=$ ________.

三、解答题

10. 已知集合 $A=(3,6)$，集合 $B=(-1,7)$，求 $A \cap B$，$A \cup B$.

11. 已知集合 $A=[-3,5]$，集合 $B=(1,6)$，求 $A \cap B$，$A \cup B$.

12. 已知集合 $A=(-1,2)$，集合 $B=[a,+\infty)$，若 $A \cap B \neq \varnothing$，求 a 的取值范围.

2.3 不等式的解法

2.3.1 一元一次不等式（组）的解法

理论过关

1. 能使不等式成立的未知数值的全体所构成的集合，叫作________.
2. 不等式的解集，一般可用________和________来表示.
3. 不等式组的解集，就是组内几个不等式解集的________.
4. 常见不等式组的解集(其中 $a<b$)：

(1) $\begin{cases}x>a\\x>b\end{cases}$ 的解集是________；(2) $\begin{cases}x>a\\x<b\end{cases}$ 的解集是________；

(3) $\begin{cases}x<a\\x<b\end{cases}$ 的解集是________；(4) $\begin{cases}x<a\\x>b\end{cases}$ 的解集是________.

一、选择题

1. $-2x>-4$ 的解集为(　　).

A. $\{x \mid x<2\}$　　B. $\{x \mid x>-2\}$
C. $\{x \mid x<3\}$　　D. $\{x \mid x<-3\}$

2. 不等式 $\frac{1}{2}x-\frac{1}{3}x>-1$ 的解集为(　　).

A. $\{x \mid x>\frac{1}{6}\}$　　B. $\{x \mid x>-6\}$

C. $\{x \mid x<\frac{1}{6}\}$　　D. $\{x \mid x<-6\}$

3. 不等式组 $\begin{cases}2x+1>0\\3x<10\end{cases}$ 的整数解的个数有(　　).

A. 1 个　　B. 2 个　　C. 3 个　　D. 4 个

4. 在平面直角坐标系内，点 $P(x-5,2x-6)$ 在第二象限，则 x 的取值范围是(　　).

A. $(3,5)$　　B. $(-3,5)$　　C. $(-5,3)$　　D. $(-5,-3)$

5. 若不等式组 $\begin{cases}x>a\\x<b\end{cases}$ 的解集为空集，则 a 与 b 的关系为(　　).

A. $b<a$　　B. $b=a$　　C. $a\leqslant b$　　D. $b\leqslant a$

二、填空题

6. 当 a 的取值范围是________时，代数式 $2a-3$ 的值不大于 13.

7. 不等式 $\frac{1}{2}x>-3$ 的解集是________；不等式 $-3x\leqslant\frac{1}{3}$ 的解集是________；不等式组 $\begin{cases}x+3>0\\x-5>0\end{cases}$ 的解集为________；不等式组 $\begin{cases}2x>0\\5-x>0\end{cases}$ 的解集为________.

8. 不等式$\frac{1}{2}(x+m)>3-m$的解集为$x>3$，则m的值为________.

三、解答题

9. 解不等式(组)：

(1) $\frac{3x+1}{4}-\frac{1}{2}\geqslant\frac{x-2}{3}$；　　(2) $\begin{cases}2<1-x\\1-x\leqslant x+5\end{cases}$.

10. 不等式组$\begin{cases}x<m+1\\x>2m-1\end{cases}$的解集是$\varnothing$，则$m$的取值范围是________.

11. 已知a是自然数，关于x的不等式组$\begin{cases}2x-1\geqslant a\\x-3>0\end{cases}$的解集为$\{x\mid x>3\}$，求$a$的取值.

2.3.2　一元二次不等式的解法

理论过关

1. 二次函数________的图像是一条________，其顶点坐标为________，当________时，抛物线的开口向上；当________时，抛物线的开口向下.

2. 一元二次方程________的求根公式为________，判别式为________.

3. 设相应的一元二次方程的两根为 x_1,x_2，请补全表格信息.

	$\Delta>0$	$\Delta=0$	$\Delta<0$
二次函数 $y=ax^2+bx+c$ $(a>0)$ 的图像	$y=ax^2+bx+c$ 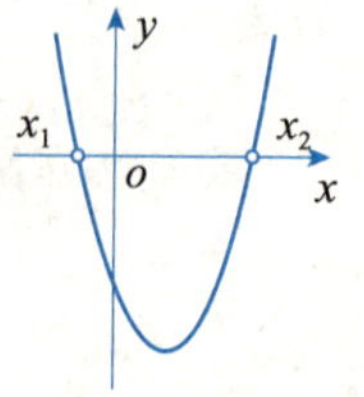	$y=ax^2+bx+c$ 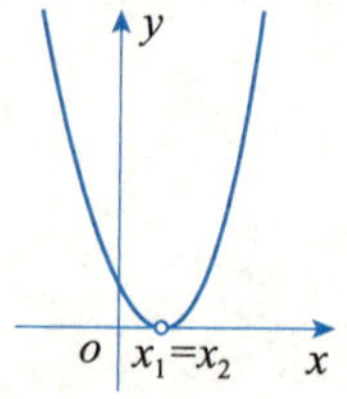	$y=ax^2+bx+c$ 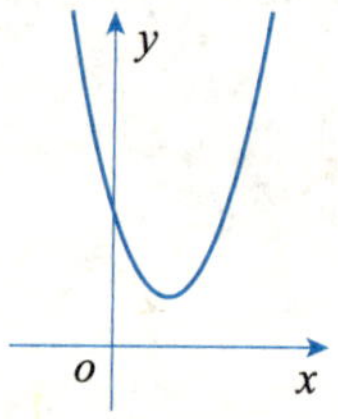
一元二次方程 $ax^2+bx+c=0$ $(a>0)$ 的根	有两相异实根 $x_1,x_2(x_1<x_2)$	有两相等实根 $x_1=x_2=-\dfrac{b}{2a}$	无实根
$ax^2+bx+c>0$ $(a>0)$ 的解集			
$ax^2+bx+c<0$ $(a>0)$ 的解集			

一、选择题

1. 不等式 $x^2-9>0$ 的解集是(　　).

A. $\{x \mid x>3\}$　　B. $\{x \mid x>\pm 3\}$

C. $\{x \mid x<-3$ 或 $x>3\}$　　D. $\{x \mid -3<x<3\}$

2. 不等式 $x^2+6x+9<0$ 的解集是(　　).

A. 空集　　B. 全体实数　　C. $-3<x<3$　　D. $x\neq 3$

3. 不等式 $x^2-7x+6>0$ 的解集是(　　).

A. $(1,6)$　　B. $(-\infty,1)\cup(6,+\infty)$

C. $\varnothing$　　D. $(-\infty,+\infty)$

4. 二次函数 $ax^2+bx+c>0$ 的解集是全体实数的条件是(　　).

A. $\begin{cases}a>0\\ \Delta>0\end{cases}$　　B. $\begin{cases}a>0\\ \Delta<0\end{cases}$　　C. $\begin{cases}a<0\\ \Delta>0\end{cases}$　　D. $\begin{cases}a<0\\ \Delta<0\end{cases}$

5. “$x>4$”是“$(x-1)(x-4)>0$”的(　　).

A. 必要非充分条件　　B. 充分非必要条件

C. 充分必要条件　　D. 非充分非必要条件

6. 不等式 $x^2-5x-6\leqslant 0$ 的解集是(　　).

A. $\{x \mid -2\leqslant x\leqslant 3\}$　　B. $\{x \mid -1\leqslant x\leqslant 6\}$

C. $\{x \mid -6\leqslant x\leqslant 1\}$　　D. $\{x \mid x\leqslant -1$ 或 $x\geqslant 6\}$

7. 方程 $mx^2+(2m+1)x+m=0$ 有两个不相等的实数根，则 m 的取值范围是(　　).

A. $m>-\frac{1}{4}$　　B. $m<-\frac{1}{4}$　　C. $m\geqslant\frac{1}{4}$　　D. $m>-\frac{1}{4}$ 且 $m\neq0$

8. 已知一元二次方程 $ax^2+bx+c=0$ 的两个根分别是 -1 和 3，且 $a<0$，那么不等式 $ax^2+bx+c>0$ 的解集是(　　).

A. $\{x\mid x<-1$ 或 $x>3\}$　　B. $\{x\mid x<-3$ 或 $x>1\}$

C. $\{x\mid -1<x<3\}$　　D. $\{x\mid -3<x<1\}$

二、填空题

9. 不等式 $x^2-2x-3<0$ 的解集为________.

10. 不等式 $-x^2+x+2\geqslant0$ 的解集为________.

11. 不等式 $(x-5)(x-2)>0$ 的解集为________.

12. 不等式 $x^2-3x-4>0$ 的解集为________.

13. 不等式 $(x-2)^2<4$ 的解集为________.

三、解答题

14. 已知 a 是实数，不等式 $2x^2-12x+a\leqslant0$ 的解集是区间 $[1,5]$，求不等式 $ax^2-12x+2\leqslant0$ 的解集.

2.3.3　分式不等式的解法

理论过关

1. ________的不等式叫作分式不等式.

2. 解分式不等式的基本方法是将其转化为________不等式求解.

3. 解分式不等式时，一定要等价变形为一边为________的形式，再化为一元二次不等式求解；若不等式含有等号，必须保证________不为零.

一、选择题

1. 不等式 $\frac{x-1}{x+1}>0$ 的解集是(　　).

A. $\{x\mid x>1\}$　　B. $\{x\mid x>1$ 或 $x<-1\}$

C. $\{x\mid -1<x<0\}$　　D. $\{x\mid x>-1\}$

2. 与不等式 $\frac{x+3}{x-2}>0$ 同解的不等式是(　　).

A. $x-2>0$　　B. $x+3>0$

C. $(x+3)(x-2)>0$　　　　D. $(x+3)(x-2)<0$

3. 不等式$\frac{3x+1}{x+2}<2$的解集是(　　).

A. $\{x \mid x<1\}$　　　　B. $\{x \mid x<-1\}$

C. $\{x \mid -2<x<3\}$　　　　D. $\{x \mid x>3$ 或 $x<-2\}$

4. 不等式$\frac{x+7}{x-1}\geqslant 0$的解集是(　　).

A. $\{x \mid x\geqslant 1\}$　　　　B. $\{x \mid x>1\}$

C. $\{x \mid -7\leqslant x<1\}$　　　　D. $\{x \mid x>1$ 或 $x\leqslant -7\}$

5. 不等式$\frac{2}{x-2}\leqslant 0$的解集是(　　).

A. $(2,+\infty)$　　B. $(-\infty,2)$　　C. $[2,+\infty)$　　D. $(-\infty,2]$

二、填空题

6. 不等式$\frac{2-x}{x+4}>0$的解集是________.

7. 不等式$\frac{x-1}{x+4}>1$的解集是________.

8. 已知集合$A=\{x \mid \frac{x+2}{3-x}\geqslant 0\}$，则$A=$________.

9. 当x________时，$\frac{-2}{3-x}$的值为负数.

10. 已知关于x的不等式$\frac{ax+1}{x+2}>0$的解集是$(-2,3)$，则$a=$________.

三、解答题

11. 解下列不等式：

(1) $\frac{2x+1}{1-x}<0$；　　　　(2) $\frac{x+1}{2x-3}\geqslant 1$.

12. 解分式不等式$-1\leqslant\frac{1}{x}\leqslant 1$.

13. 解不等式$\frac{2}{x^2-2x-3}<0$.

2.3.4　含绝对值的不等式的解法

理论过关

1. $|x|=\begin{cases} \_\_\_\_\_\_, x>0 \\ \_\_\_\_\_\_, x=0 \\ \_\_\_\_\_\_, x<0 \end{cases}$，绝对值的几何意义是:数轴点到________的距离.

2. $|x|=3$的几何意义是:数轴点到________的距离等于________，$|x|=3$的解为________.

3. $|x|>a(a>0)\Leftrightarrow$ ________，$|x|<a(a>0)\Leftrightarrow$ ________；
$|x|\geqslant a(a>0)\Leftrightarrow$ ________，$|x|\leqslant a(a>0)\Leftrightarrow$ ________；
$|x|>a(a<0)\Leftrightarrow$ ________，$|x|<a(a<0)\Leftrightarrow$ ________.

一、选择题

1. 不等式$|x|>5$的解集为(　　).
A. $(-\infty,5)$　　B. $(-\infty,-5)\cup(5,+\infty)$
C. $(-5,5)$　　D. $(-\infty,-3)$

2. 不等式$|3-2x|<1$的解集为(　　).
A. $(-2,2)$　　B. $(2,3)$　　C. $(1,2)$　　D. $(3,4)$

3. 不等式$|2x-1|>-1$的解集为(　　).
A. R　　B. $\varnothing$　　C. $(0,1)$　　D. $(0,+\infty)$

4. 不等式$3|x|-3<0$的解集为(　　).
A. $(-\infty,3)$　　B. $(-1,1)$　　C. R　　D. $(3,+\infty)$

5. 不等式$-8|x|+15\leqslant 0$的解集为(　　).
A. $\left[-\frac{15}{8},\frac{15}{8}\right]$　　B. $\left(-\infty,-\frac{15}{8}\right]\cup\left[\frac{15}{8},+\infty\right)$
C. $\left(0,\frac{15}{8}\right]$　　D. $\varnothing$

6. 若不等式$|2x-1|<a$的解集为$(-1,2)$，则实数a等于(　　).
A. 6　　B. 3　　C. -3　　D. -6

7. 关于 x 的不等式 $|x+2|<a$ 的解集为 $\varnothing$，则 a 的取值范围是（　　）.

A. $(0,+\infty)$　　B. $[0,+\infty)$　　C. $(-\infty,0]$　　D. $(-\infty,0)$

二、填空题

8. 不等式 $|x-3|\leqslant 1$ 的解集为________.

9. 若 $|x+2|>2$，那么 x 的取值范围是________.

10. 已知不等式 $|x-m|<n(n>0)$ 的解集为 $\{x|1<x<3\}$，则不等式 $x^2-mx+n<0$ 的解集为________.

三、解答题

11. 解不等式：

(1) $|2x-3|\geqslant 1$；　　(2) $|2-x|<1$.

单元总复习

一、选择题

1. 不等式 $|5-4x|<3$ 的解集为(　　).

A. $\left(-\infty,\frac{1}{2}\right)\cup(2,+\infty)$　　B. $\left(-\infty,\frac{1}{2}\right)$

C. $(2,+\infty)$　　D. $\left(\frac{1}{2},2\right)$

2. 不等式 $-3x<12$ 的解集是(　　).

A. $(-\infty,4)$　　B. $(4,+\infty)$

C. $(-\infty,-4)$　　D. $(-4,+\infty)$

3. 不等式 $x^2+3>2x$ 的解集是(　　).

A. R　　B. $[-1,6]$

C. $(-3,1)$　　D. $(-\infty,-1)\cup(3,+\infty)$

4. $a>0$ 且 $b>0$ 是 $ab>0$ 的(　　).

A. 充分但非必要条件　　B. 必要但非充分条件

C. 充要条件　　D. 既不是充分也不是必要条件

5. 不等式 $x-5<0$ 且 $x+3>0$ 的解集是(　　).

A. $(5,+\infty)$　　B. $(-\infty,-3)$

C. $(-3,5)$　　D. $(-\infty,-3)\cup(5,+\infty)$

6. 不等式 $x^2-5x+6\leqslant 0$ 的解集是(　　).

A. $[2,3]$　　B. $\varnothing$

C. $[-6,1]$　　D. $[1,6]$

7. $ab>0$ 是 $a>0$ 且 $b>0$ 的(　　).

A. 充分不必要条件　　B. 必要不充分条件

C. 充要条件　　D. 既不充分也不必要条件

8. 如果 $a>b,c>d$,则下列式子成立的是(　　).

A. $a+d>b+c$　　B. $ac>bd$

C. $a-c>b-d$　　D. $a+c>b+d$

9. 不等式 $x^2-2x+1>0$ 的解集为(　　).

A. $\{1\}$　　B. $(-\infty,1)\cup(1,+\infty)$

C. R　　D. $\varnothing$

二、填空题

10. 不等式 $|3x-2|\geqslant 7$ 的解集用区间表示为________.

11. $|x-1|<2$ 的解集是________.

12. 若 $A=\{x\mid x>3\},B=\{x\mid x>5\}$,则 $A\cap B=$ ________.

三、解答题

13. 解不等式：

(1) $\frac{x-2}{1+x}>6$；　　　　(2) $x^2-5x+6\leqslant 0$.

不等式单元综合测试 A 卷

（时间 90 分钟，满分 100 分）

一、选择题（本大题共 12 小题，每小题 4 分，满分 48 分，在每小题的四个选项中，只有一项是符合题目要求的）

1. 下列推理错误的是（　　）.

A. 如果 $a>b$，那么 $b<a$　　B. 如果 $a>b$，那么 $a+c>b+c$

C. 如果 $a>b>c$，那么 $a>c$　　D. 如果 $a>b, c>d$，那么 $ac>bd$

2. 如果 $a<b$，那么（　　）.

A. $a+3>b+3$　　B. $a-5>b-5$

C. $-2a>-2b$　　D. $\frac{a}{3}>\frac{b}{3}$

3. 已知 $x\geqslant y$，要使 $ax\leqslant ay$ 成立，则（　　）.

A. $a<0$　　B. $a=0$　　C. $a>0$　　D. $a\leqslant 0$

4. 若 $a>0, b>0$，则下面不等式正确的是（　　）.

A. $\frac{b}{a}>\frac{b}{a+1}$　　B. $\frac{b}{a}>\frac{b+2}{a}$

C. $\frac{1}{a}-\frac{1}{b}>0$　　D. $\frac{a}{b}+\frac{b}{a}>2$

5. 不等式$\frac{1}{3}(1-x)<\frac{2}{3}$ 的解集在数轴上可以表示为（　　）.

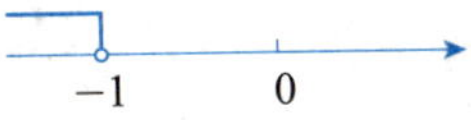

A

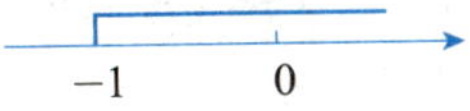

B

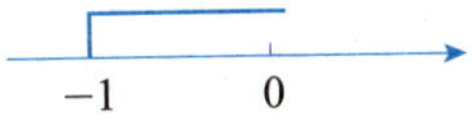

C

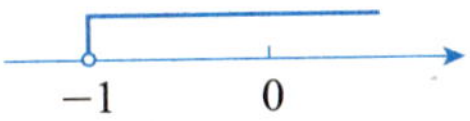

D

6. 不等式组$\begin{cases}3x+2<5\\2x-1>3\end{cases}$的解集为（　　）.

A. $\{x\mid x>2\}$　　B. $\{x\mid x<1\}$

C. $\{x\mid 2<x<1\}$　　D. $\varnothing$

7. 不等式 $x^2-2x-3<0$ 的解集为（　　）.

A. $(-1,3)$　　B. $(-3,1)$

C. $(-\infty,-1)\cup(3,+\infty)$　　D. $(-\infty,-3)\cup(1,+\infty)$

8. 不等式 $x^2-2x+1\leqslant 0$ 的解集为（　　）.

A. $\varnothing$　　B. $\{1\}$　　C. R　　D. $\{x\mid x\neq 1$ 且 $x\in \mathrm{R}\}$

9. 不等式$\frac{1}{x}<1$ 的解集是（　　）.

A. $\{x \mid x > 1$ 或 $x < 0\}$

B. $\{x \mid 0 < x \leqslant 1\}$

C. $\{x \mid x > 1\}$

D. $\{x \mid x < 0\}$

10. 不等式$\frac{2-x}{x-5} \geqslant 0$的解集是(　　).

A. $\{x \mid x \geqslant 5$ 或 $x \leqslant 2\}$

B. $\{x \mid 2 \leqslant x \leqslant 5\}$

C. $\{x \mid 2 \leqslant x < 5\}$

D. $\{x \mid 2 < x < 5\}$

11. 不等式 $|x-1| > 2$ 的解集是(　　).

A. $(-1,3)$

B. $(-3,1)$

C. $(-\infty,-1) \cup (3,+\infty)$

D. $(-\infty,-3) \cup (1,+\infty)$

12. 不等式 $|1-x| < 3$ 的解集是(　　).

A. $(-2,4)$

B. $(-1,2)$

C. $(-\infty,-2) \cup (4,+\infty)$

D. $(-\infty,-4) \cup (2,+\infty)$

二、填空题(本大题共 8 小题,每小题 4 分,共 32 分)

13. 不等式 $3|x| < 9$ 的解集是________.

14. 不等式 $3x+9>0$ 的解集用区间表示为________.

15. 已知 $x>0$,当 x 取________时,$x+\frac{81}{x}$ 有最小值________.

16. 已知 $a,b \in \mathrm{R}^+$,且 $a+b=8$,那么 ab 的最大值是________.

17. 不等式$(x-3)(x+5)<0$的解集用区间表示为________.

18. 不等式 $-x^2-x+42>0$ 的解集为________.

19. 不等式 $|2-3x| < 1$ 的解集是________.

20. 已知方程 $x^2+bx+c=0$ 的两根分别是 1 和 2,那么不等式 $x^2+cx+b<0$ 的解集为________(用区间表示).

三、解答题(本大题共 4 小题,每小题 5 分,共 20 分)

21. 解不等式组$\begin{cases}3x-2>1\\x+1>0\end{cases}$.

22. 比较$(x+5)(x+1)$与$(x+3)^2$的大小.

23. 已知 $x>5$，求 $x+\frac{4}{x-5}$ 的最小值，并求此时 x 的取值.

24. 已知不等式 $mx^2+1>mx$ 的解集为 R，求 m 的取值范围.

不等式单元综合测试 B 卷

（时间 90 分钟，满分 100 分）

一、选择题(本大题共 12 小题，每小题 4 分，满分 48 分，在每小题的四个选项中，只有一项是符合题目要求的)

1. 如果 $a<0, ab>0$，那么（　　）.

A. $b>0$　　B. $b<0$　　C. $a<b$　　D. $b\geqslant 0$

2. 已知 $a+b<0, b>0$，那么（　　）.

A. $a^2<b^2$　　B. $\frac{a}{b}<-1$　　C. $|a|<|b|$　　D. $a^3>b^3$

3. 下列推理正确的是（　　）.

A. 如果 $a>b$，则 $a^2>b^2$

B. 如果 $a>b, c<d$，则 $a-c>b-d$

C. 如果 $a>b$，则 $\frac{1}{a}<\frac{1}{b}$

D. 如果 a, b 是任意实数，则 $a^2+b^2>2ab$

4. 不等式 $\frac{-1}{x-1}<0$ 的解集是（　　）.

A. $(-\infty, 1)$　　B. $(-\infty, 1]$　　C. $[1, +\infty)$　　D. $(1, +\infty)$

5. 不等式 $-2x^2-5x+3<0$ 的解集是（　　）.

A. R

B. $\{x|-3<x<\frac{1}{2}\}$

C. $\varnothing$

D. $\{x|x<-3 \text{ 或 } x>\frac{1}{2}\}$

6. 不等式 $\frac{3+x}{2-x}\geqslant 1$ 的解集是（　　）.

A. $\left[-\frac{1}{2}, 2\right)$

B. $\left(-\infty, -\frac{1}{2}\right)\cup(2, +\infty)$

C. $\left[-\frac{1}{2}, 2\right]$

D. $\left(-\infty, -\frac{1}{2}\right]\cup(2, +\infty)$

7. 不等式组 $\begin{cases}|x-1|-3<0\\ a-2x>0\end{cases}$ 的解集为 $\{x|-2<x<3\}$，则 a 的取值范围是（　　）.

A. $a\leqslant -4$　　B. $a=6$　　C. $a\leqslant 6$　　D. $a\geqslant 6$

8. 已知集合 $A=\{x|-5x+6\leqslant 0\}$，集合 $B=\{x|2x-1<3\}$，则集合 $A\cap B=$（　　）.

A. $\left\{x\mid x\leqslant\frac{6}{5}\right\}$

B. $\{x|x<2\}$

C. $\left\{x\mid\frac{6}{5}\leqslant x<1\right\}$

D. $\left\{x\mid\frac{6}{5}\leqslant x<2\right\}$

9. 已知 $A=\{x||x-1|>1\}, B=\{x|(x-1)^2-4\geqslant 0\}$，则 $A\cup B=$（　　）.

A. $(-\infty,0)\cup(2,+\infty)$　　B. $(-\infty,-1]\cup[3,+\infty)$

C. $(-\infty,-1]\cup(2,+\infty)$　　D. $(-\infty,0)\cup[3,+\infty)$

10. 已知 $A=\left\{x \mid \frac{x+1}{x-1}\geqslant 0\right\}$，$B=\{x \mid x^2-1=0\}$，则 $\complement_R B\cap A=$（　　）.

A. $\{-1,1\}$　　B. $(-\infty,-1]\cup(1,+\infty)$

C. $[-1,0)$　　D. $(-\infty,-1)\cup(1,+\infty)$

11. 设 $b>a>0$，且 $a+b=1$，则 $\frac{1}{2}$，$2ab$，a^2+b^2，b 中最大的是（　　）.

A. b　　B. a^2+b^2　　C. $2ab$　　D. $\frac{1}{2}$

12. 下列说法正确的是（　　）.

A. $|2x-1|\leqslant 3$ 的解集是 $(-\infty,2]$　　B. $16-x^2>0$ 与 $|x|<4$ 的解集相同

C. $\frac{2}{x}<1$ 的解集是 $(1,+\infty)$　　D. $(x+1)(x-1)>0$ 的解集是 $(1,+\infty)$

二、填空题（本大题共 8 小题，每小题 4 分，共 32 分）

13. 不等式 $x^2+x-2>0$ 的解集是________.

14. 不等式 $x^2-3x\leqslant 10$ 的解集是________.

15. 不等式 $4x^2-4x+1>0$ 的解集是________.

16. 不等式 $\frac{5}{2-x}<0$ 的解集是________.

17. 不等式 $(x^2+1)(x^2-1)<0$ 的解集是________.

18. 不等式 $(x^2+2x+1)(x^2-2x)\geqslant 0$ 的解集为________.

19. 不等式 $\frac{x-2}{(x+1)(x-1)}<0$ 的解集为________.

20. 已知关于 x 的不等式 $x^2-ax-b<0$ 的解集为 $\{x \mid -1<x<6\}$，则 $a^2+b^2=$ ________.

三、解答题（本大题共 4 小题，每小题 5 分，共 20 分）

21. 比较代数式 $(2x+1)(x+2)$ 与 x^2+5x+2 的大小.

22. 求 x 在何范围内取值时,$\dfrac{5}{\sqrt{x^2-2x-15}}$ 才有意义.

23. 一段长为100m的篱笆围成一个一边靠墙的矩形菜园,问:这个矩形的长、宽各为多少时,菜园的面积最大?最大面积是多少?

24. 若方程 $8x^2+(m+1)x+m-7=0$ 有两个负根,求 m 的取值范围.

第3章　函数

3.1　函数的概念及表示方法

3.1.1　函数的概念

理论过关

1. 映射：按照某种对应法则 f，集合 A 中的任何一个元素，在 B 中都有________元素和它对应.

2. 函数定义：在某一个变化过程中有两个变量 x 和 y，设变量 x 的取值范围为数集 D，如果对于 D 内的每一个 x 值，按照某个对应法则 f，也都有________的值与它对应，那么，把 x 叫作________，把 y 叫作 x 的________，记作________，数集 D 叫作函数的________，函数值的集合叫作函数的________.

一、选择题

1. 已知函数 $f(x)=3x^2-x$，则 $f(-2)=$（　　）.

A. -14　　B. -10　　C. 10　　D. 14

2. 已知函数 $f(x)=3x-1$，则 $f(-x+1)=$（　　）.

A. $3x+2$　　B. $3x-1$　　C. $-3x+2$　　D. $-3x-2$

3. 下列函数中，定义域为 R 的函数是（　　）.

A. $f(x)=\dfrac{3}{x+2}$　　B. $f(x)=\dfrac{x+2}{3}$

C. $f(x)=\sqrt{x+2}$　　D. $f(x)=\dfrac{1}{x^2}$

4. 函数 $y=\dfrac{3+x}{x}$ 的定义域是（　　）.

A. R　　B. $(-\infty,-3)\cup(-3,+\infty)$

C. $(-3,0)$　　D. $(-\infty,0)\cup(0,+\infty)$

5. 与函数 $y=3x$ 是同一函数的是（　　）.

A. $y=\dfrac{3x^2}{x}$　　B. $y=3\sqrt{x^2}$　　C. $s=3v$　　D. $y=3|x|$

二、填空题

6. 设函数 $f(x)=3x+4$，则 $f(-1)=$________.

7. 函数 $f(x)=5x+1$ 的定义域为________.

8. 函数 $f(x)=\sqrt{x+2}$ 的定义域为________,值域为________.

三、解答题

9. 已知 $f(x)=\dfrac{1}{2x^2-3}$,求 $f(-2)$,$f(1)$,$f(b)$.

10. 求下列函数的定义域:

(1) $y=1-x^2$;

(2) $y=\dfrac{x+3}{x-3}$;

(3) $y=\dfrac{1}{x^2-1}$;

(4) $y=\dfrac{5}{\sqrt{x+1}}$;

(5) $y=\sqrt{2x-3}$;

(6) $y=\sqrt{x^2-3x-10}$.

11. 已知函数 $f(x)=ax^2+x-3$,且 $f(2)=7$,求 a 的值.

12. 设 $f(2x)=x^2-2x+5$,求 $f(3)$ 的值.

3.1.2　函数的表示方法

理论过关

1. 一次函数：$y=kx+b$，在 y 轴的截距为________，$b=0$ 时为________函数.

2. 反比例函数：$y=\dfrac{k}{x}(x\neq 0)$，$k>0$ 时，函数图像分布在________象限；$k<0$ 时，函数图像分布在________象限.

一、选择题

1. 下列点中不在函数 $y=3x+2$ 图像上的是(　　).

A. $(-2,-4)$　　B. $(-1,1)$　　C. $(0,2)$　　D. $(1,5)$

2. 某函数的图像经过点 $(1,1)$ 和点 $(-1,1)$，则它的解析式不可能的是(　　).

A. $y=1$　　B. $y=x^2$　　C. $x=1$　　D. $y=-x^2+2$

3. 在函数 $y=\sqrt{x^2}$ 的图像上的点是(　　).

A. $(-3,-3)$　　B. $(-3,9)$　　C. $(-3,3)$　　D. $(3,-3)$

4. 函数 $y=3x+1(x\in[-1,+\infty))$ 的图像是(　　).

A. 一条线段　　B. 一条直线　　C. 一条射线　　D. 一段抛物线

二、填空题

5. 函数表示的三种方法是：________、________、________.

6. 圆的面积 S 是半径 r 的函数，函数的表达式是________，当半径为 2 时，面积 $S=$________；当半径为 $\sqrt{3}$ 时，面积 $S=$________.

7. 函数 $f(x)$ 用图像法(见下图)表示南方某城市 1—12 月份的平均气温. 从图中可知：________月份的平均气温最高，________月份的平均气温最低；函数的定义域为________.

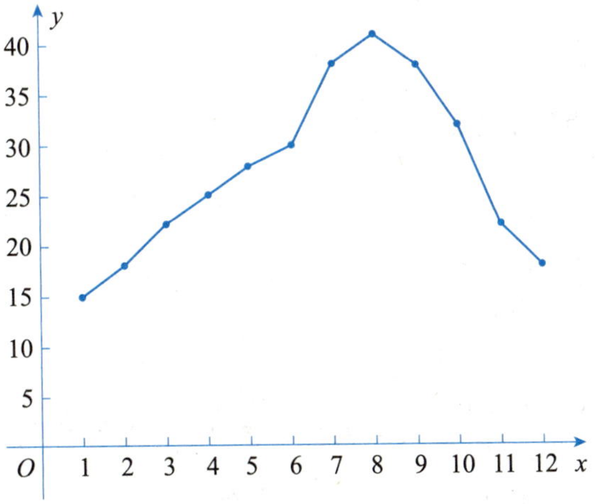

8. 文具店某笔记本每个 3 元，当购买 8 本(含 8 本)以内时，则应付账款 y(元)与购置数目 x 本的函数解析式为________.

三、解答题

9. 请用“描点法”作下列函数的图像：

(1) $y=3x+2$；　　(2) $y=-\dfrac{1}{x}, x\in(0,+\infty)$；

(3) $y=2x^2-1$；　　(4) $y=\sqrt{x}$.

10. 某物业公司为扩大公司规模增加物业管理费用，2018 年 1 月份物业管理费用为 30 万元，从 2 月份开始每月比上一个月增加费用 5 000 元，该物业公司 1—6 月份的管理费用是月份的函数，试分别用解析法、列表法、图像法表示这个函数.

3.1.3　分段函数

理论过关

分段函数定义域为各段函数定义域的________.

一、选择题

1. 函数 $f(x)=\begin{cases}3x, & -1\leqslant x\leqslant 0\\ x^2+1, & 0<x<3\end{cases}$ 的定义域是(　　).

A. $(0,3)$　　B. $[-1,0]$　　C. $[-1,3)$　　D. $(-1,3]$

2. 函数 $y=\begin{cases}x^2, & x<0\\ x+3, & x\geqslant 0\end{cases}$，则 $f(f(-2))=$(　　).

A. 4　　B. 1　　C. 7　　D. -2

3. 函数的图像如下图所示，则函数的解析式是(　　).

A. $f(x)=\begin{cases}x^2, & x<0\\ x-2, & x\geqslant 0\end{cases}$　　B. $f(x)=\begin{cases}x^2, & x\leqslant 0\\ x-2, & x>0\end{cases}$

C. $f(x)=\begin{cases}x^2, & x<0\\ x+2, & x\geqslant 0\end{cases}$　　D. $f(x)=\begin{cases}x^2, & x\leqslant 0\\ x+2, & x>0\end{cases}$

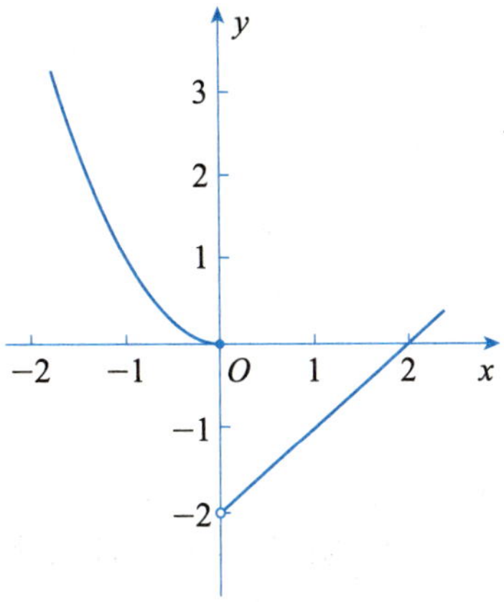

二、填空题

4. 分段函数是指在自变量的不同取值范围内，用________来表示的函数.

5. 已知函数 $f(x)=\begin{cases}3, & -5\leqslant x\leqslant 0\\ -1, & 0<x\leqslant 3\end{cases}$，则函数的定义域是________，函数的值域是________，$f(-3)=$________，$f(0)=$________，$f(3)=$________.

6. 已知函数 $f(x)=\begin{cases}3x, & x\leqslant 0\\ x+2, & 0<x\leqslant 2\\ x^2, & x>2\end{cases}$，则函数的定义域是________，$f(f(2))=$________，$f(-2)+f(1)-f(3)=$________.

三、解答题

7. 设函数 $f(x)=\begin{cases}x, & x<0\\ 2, & 0\leqslant x<2\\ 2x+1, & x\geqslant 2\end{cases}$，

(1) 求 $f(-2)+f(0)-f(2)$ 的值；

(2) 写出函数的定义域；

(3) 作出函数的图像.

8. 某商场卖西瓜,一个西瓜的重量若在4千克以下,则销售价格为12元/千克,若在4千克或4千克以上,则销售价格为15元/千克.求西瓜的销售收入y元与重量x千克的函数关系式.

9. 某水果批发市场,苹果批发价为每箱45元,当批发箱数超过20箱(含20箱)时可以享受九折优惠,当批发超过50箱(含50箱)可以享受八折优惠.写出应付款数y和购买箱数x的函数解析式.

3.2 函数的性质

3.2.1 函数的单调性

理论过关

函数的单调性定义:对于区间D上任意两个值x_1,x_2,若$x_1 < x_2$时有$f(x_1) < f(x_2)$,则称$f(x)$为D上的________;若$x_1 < x_2$时有$f(x_1) > f(x_2)$,则称$f(x)$为D上的________.

一、选择题

1. 下列命题正确的是(　　).

A. 函数$y = kx + 3$,当$k > 0$时,在区间$(-\infty, +\infty)$上是增函数

B. 函数$y = kx + 3$,当$k < 0$时,在区间$(-\infty, +\infty)$上是增函数

C. 函数$y = kx + 3$,当$k > 0$时,在区间$(-\infty, +\infty)$上是减函数

D. 函数$y = kx + 3$,当$k > 0$时,在区间$(-\infty, 0)$上是减函数

2. 关于函数 $y=-2x+3$，下列说法正确的是(　　).

A. 仅在$(-\infty,0)$上是增函数　　B. 仅在$(0,+\infty)$上是减函数

C. 在$(-\infty,+\infty)$上是增函数　　D. 在$(-\infty,+\infty)$上是减函数

3. 关于函数 $y=-\dfrac{1}{x}$，下列说法正确的是(　　).

A. 在$(-\infty,0)$上是增函数　　B. 在$(-\infty,0)$上是减函数

C. 在$(-\infty,0]$上是增函数　　D. 在$(-\infty,0]$上是增函数

4. 下列函数在$(-\infty,+\infty)$上单调递增的是(　　).

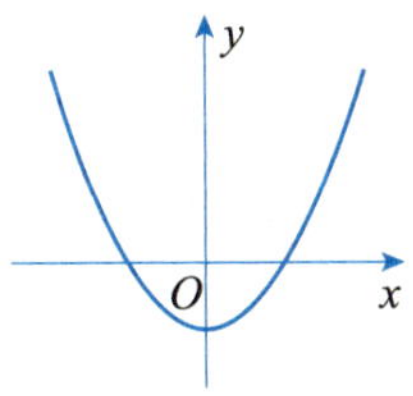

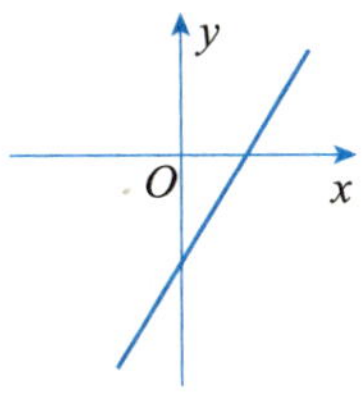

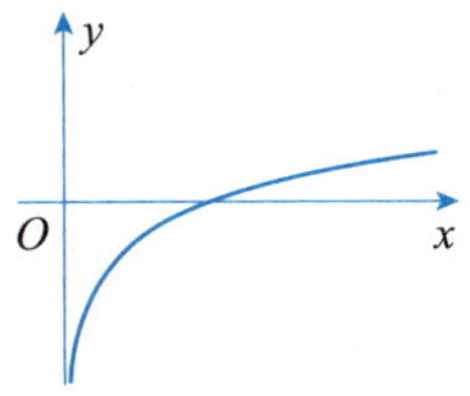

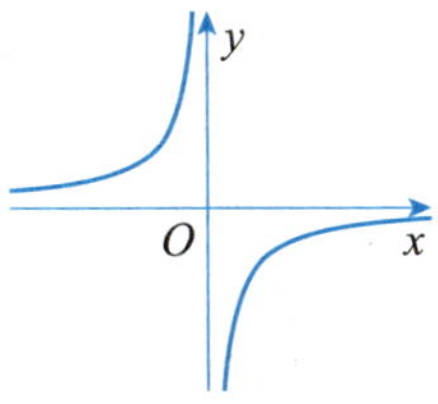

5. 下列各函数在区间$(0,+\infty)$上是减函数的是(　　).

A. $y=2x+1$　　B. $y=x^2-1$

C. $y=-\dfrac{1}{x}$　　D. $y=\dfrac{1}{x}$

二、填空题

6.(1) 函数 $y=kx+1$ 在 R 上是增函数，则 k 的取值范围是________；

(2) 函数 $y=x^2+1$ 的单调递增区间是________，单调递减区间是________；

(3) 函数 $y=f(x)$ 的图像如下所示，则该函数的单调增区间是________，单调减区间是________.

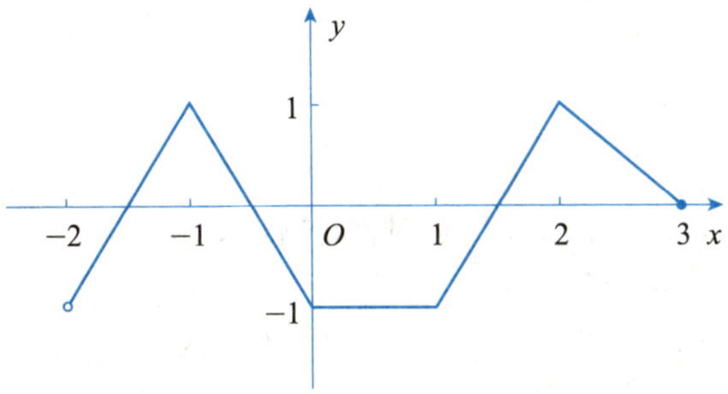

7. 若函数 $y=f(x)$ 在定义域 R 内是减函数，则 $f(-2)$ ________ $f(1)$(用"<"或">"填空).

8. 函数 $y=f(x)$ 的定义域是$(0,+\infty)$是增函数，则 $f\left(\dfrac{1}{2}\right)$________$f\left(\dfrac{1}{3}\right)$(用"<"或">"填空).

三、解答题

9. 判断函数 $f(x)=-x-1$ 的单调性.

10. 判断函数 $f(x)=-\dfrac{1}{x}$ 在区间$(-\infty,0)$上的单调性.

11. 判断函数 $f(x)=2x^2+1$ 在区间$(0,+\infty)$上的单调性.

3.2.2　函数的奇偶性

理论过关

奇偶性定义:注意区间是否关于原点对称,比较 $f(x)$ 与 $f(-x)$ 的关系.

$f(x)-f(-x)=0\Leftrightarrow f(x)=$ ________ $\Leftrightarrow f(x)$ 为________;

$f(x)+f(-x)=0\Leftrightarrow f(x)=$ ________ $\Leftrightarrow f(x)$ 为________.

一、选择题

1. 点$(-1,2)$关于原点 O 的对称点是(　　).

A. $(1,2)$　　B. $(-1,-2)$　　C. $(1,-2)$　　D. $(-1,2)$

2. 函数 $f(x)=x^2-3$ 是(　　).

A. 奇函数　　B. 偶函数

C. 非奇非偶函数　　D. 既是奇函数又是偶函数

3. 在下列函数中,不是奇函数的是(　　).

A. $f(x)=x^3-x$　　B. $f(x)=5x$　　C. $f(x)=\dfrac{2}{x}$　　D. $f(x)=|x|$

4. 在下列函数中，是奇函数的是(　　).

①$f(x)=x^3$　②$f(x)=\sqrt[3]{x}$　③$f(x)=\dfrac{2}{x}+3$　④$f(x)=x^3-1$

A. ① 与 ②　　B. ① 与 ③　　C. ① 与 ④　　D. ② 与 ③

5. 在下列函数中，是偶函数的是(　　).

①$f(x)=|x|$　②$f(x)=x^4+x^2+3$　③$f(x)=\dfrac{1}{x^2}$　④$f(x)=x^2+x+3$

A. ①③　　B. ①③④　　C. ①②④　　D. ①②③

6. 奇函数 $f(x)$ 在$(-\infty,0)$上是增函数，那么下式成立的是(　　).

A. $f(1)<f(3)<f(2)$　　B. $f(1)<f(2)<f(3)$

C. $f(2)<f(3)<f(1)$　　D. $f(3)<f(2)<f(1)$

二、填空题

7. 设点 M 的坐标是$(3,-2)$，则点 M 关于 x 轴的对称点的坐标是________，点 M 关于 y 轴的对称点的坐标是________，点 M 关于原点 O 的对称点的坐标是________.

8. 已知函数 $f(x)$ 在区间$[-10,10]$上是奇函数，且 $f(3)<f(2)$，则 $f(-3)$ ________ $f(-2)$(用"$<$"或"$>$"填空).

9. 已知函数 $f(x)$ 在定义域 R 上是偶函数，且 $f(2)<f(1)$，则 $f(-2)$ ________ $f(-1)$(用"$<$"或"$>$"填空).

10. 函数 $f(x)=3x^3-2x$ 的奇偶性是________.

11. 函数 $f(x)=\sqrt{x}$ 的定义域是________，该函数的奇偶性是________.

三、解答题

12. 根据下列函数图像判断函数的奇偶性.

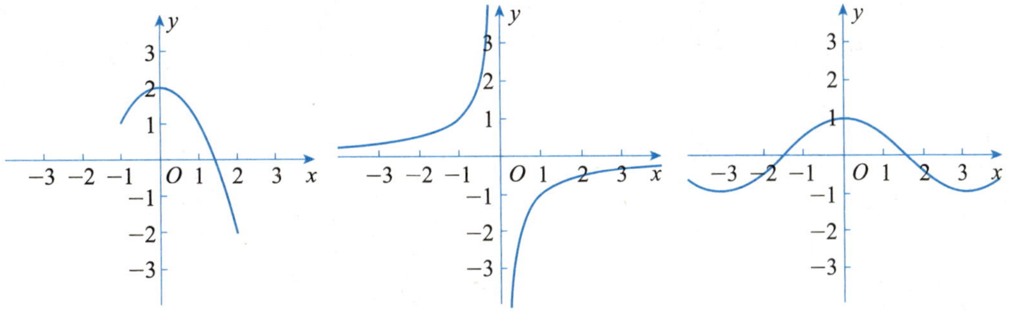

(1)　　(2)　　(3)

13. 判断下列函数的奇偶性：

(1) $f(x)=-3x$；　　(2) $f(x)=-2x^2+3$；

(3) $f(x)=\sqrt{x-3}$　　(4) $f(x)=x^2+2x$；

(5) $f(x)=3x^3-\frac{1}{x}$；　　(6) $f(x)=|x|$.

14. 已知函数 $f(x)=ax^4-bx^2+1$，且 $f(2)=13$，求 $f(-2)$.

15. 已知函数 $f(x)=ax^3-bx$，且 $f(2)=10$，求 $f(-2)$.

3.3　二次函数的图像及性质

理论过关

二次函数：$y=ax^2+bx+c$，$a>0$ 时开口向________，$a<0$ 时开口向________，对称轴________，最值________，顶点坐标________.

一、选择题

1. 函数 $y=(x+1)(x-3)$ 的最小值是(　　).

A. -4　　B. 0　　C. -1　　D. 3

2. 函数 $y=-x^2+4x+5$ 的图像的对称轴方程是(　　).

A. $x=-2$　　B. $x=2$　　C. $x=5$　　D. $x=-1$

3. 函数 $y=-x^2+4x+5$ 的顶点坐标是(　　).

A. $(2,9)$　　B. $(2,-9)$　　C. $(-2,9)$　　D. $(-2,-9)$

4. 函数 $y=4x-x^2+c$ 的最大值是 3,则 c 的值是(　　).

A. -1　　B. 0　　C. 1　　D. 2

5. 函数 $y=-2x^2-4x-2$ 的图像具有性质(　　).

A. 开口方向向上,对称轴为 $x=-1$,顶点坐标为 $(-1,0)$

B. 开口方向向上,对称轴为 $x=1$,顶点坐标为 $(1,0)$

C. 开口方向向下,对称轴为 $x=-1$,顶点坐标为 $(-1,0)$

D. 开口方向向下,对称轴为 $x=1$,顶点坐标为 $(1,0)$

二、填空题

6. 函数 $y=2x^2+x-1$ 的值域是________,对称轴是________,单调递增区间是________.

7. 函数 $y=-x^2+2x$ 有最________值,为________,其顶点坐标是________.

8. 函数 $f(x)=x^2+bx+c$,如果函数满足 $f(1)=f(3)$,则 $b=$ ________.

9. 函数 $y=x^2-3x-10$ 的图像与 x 轴的交点坐标是________,________,与 y 轴的交点坐标是________.

三、解答题

10. 设函数 $y=x^2-2x-3$,求:(1) 函数的顶点坐标;(2) 对称轴方程;(3) 函数的单调区间;(4) 函数的值域;(5) 画出函数的图像.

11. 如果函数 $f(x)=x^2+kx+(k+3)$ 与 x 轴有两个交点,求 k 值.

3.4　函数的实际应用举例

1. 某单位计划建筑一矩形围墙，现有材料可筑墙的总长度为 48 米，问：矩形的长、宽各等于多少时，围墙围出的面积最大？最大面积为多少？

2. 某体育用品商店购进一批滑板，每件进价为 100 元，售价为 130 元，每星期可卖出 80 件. 商家决定降价促销，根据市场调查，每降价 5 元，每星期可多卖出 20 件.

(1) 商家降价前每星期的销售利润为多少元？

(2) 降价后，商家要使每星期的销售利润最大，应将售价定为多少元？最大销售利润是多少？

3. 某移动公司采用分段计费的方法来计算话费，月通话时间 x(分钟) 与相应话费 y(元) 之间的函数图像如下图所示：

(1) 写出 y 与 x 之间的函数关系式；

(2) 月通话为 80 分钟时，应交话费多少元？

(3) 月通话为 280 分钟时，应交话费多少元？

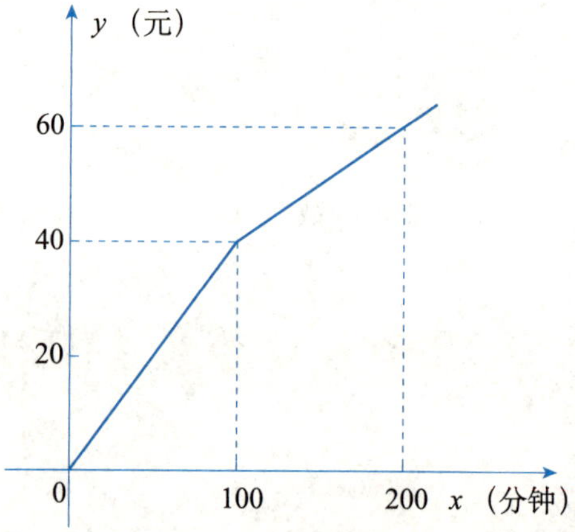

*4. 建造一个容积为 8 米^3、深为 2 米的长方形无盖水池，如果池底和池壁的造价分别为 120 元 / 米^2 和 80 元 / 米^2：(1) 设底面一边长为 x，求总造价 y 关于底面一边长 x 的函数式；(2) 当 x 为何值时，总造价最小？求出最小值.

3.5　反函数

理论过关

1. 反函数定义：函数 $y=f(x)$ 的反函数表示为________；函数 $y=f(x)$ 和________互为反函数.

2. 反函数 $y=f^{-1}(x)$ 的定义域是原函数的________.

3. 函数 $y=f(x)$ 的图像和它的反函数 $y=f^{-1}(x)$ 的图像关于________对称；点 (a, b) 关于直线 $y=x$ 的对称点为________.

一、选择题

1. 函数 $y=3x+2$ 的反函数是(　　).

A. $x=3y+2$　　B. $y=\dfrac{x-2}{3}$　　C. $y=3x-2$　　D. $y=\dfrac{x+2}{3}$

2. 函数 $y=\dfrac{1}{x}-2(x\neq 0)$ 的反函数是(　　).

A. $y=\dfrac{1}{x}-2$　　B. $y=\dfrac{1}{x}+2$

C. $y=\dfrac{1}{x+2}(x\neq 2)$　　D. $y=\dfrac{1}{x-2}$

3. 下列函数不存在反函数的是(　　).

A. $y=5x-3$　　B. $y=\dfrac{2-x}{3x+4}\left(x\neq-\dfrac{4}{3}\right)$

C. $y=\dfrac{1}{x}(x>0)$　　D. $y=x^2$

4. 函数 $y=2x-3$ 的反函数的图像不经过点(　　).

A. $(1,2)$　　B. $(-1,1)$　　C. $(3,3)$　　D. $(-3,1)$

5. 函数 $y=f(x)$ 的图像经过点 $(2,-3)$，则函数 $y=f^{-1}(x)$ 的图像一定经过点(　　).

A. $(2,3)$　　B. $(-2,3)$　　C. $(-3,2)$　　D. $(3,-2)$

二、填空题

6. 已知函数 $f(x)=3x+2$，则反函数 $f^{-1}(x)=$ ________，$f^{-1}(2)=$ ________.

7. 已知函数 $f(x)=\dfrac{3}{2x-1}\left(x\neq\dfrac{1}{2}\right)$，则 $f^{-1}(2)=$ ________.

8. 若函数 $y=f(x)$ 的图像经过点 $(3,-2)$，则其反函数必经过点________.

9. 已知函数 $f(x)=3x+b$ 的图像与函数 $\varphi(x)=\dfrac{x}{3}-1$ 的图像关于直线 $y=x$ 对称，则 $b=$ ________.

三、解答题

10. 求下列函数的反函数：

(1) $y=-2x+5$；

(2) $y=\dfrac{3x+1}{x-2}(x\neq 2)$；

(3) $y=x^2-4x+1(x\geqslant 2)$；

(4) $y=\sqrt{5x-1}$.

11. 已知函数 $f(x)=\dfrac{x+1}{x-2}(x\neq 2)$，求 $f^{-1}(3)$，$f^{-1}(-2)$ 的值.

12. 已知函数 $f(x)=3x-1$，求 $f^{-1}(x-1)$.

13. 作函数 $y=2-3x$ 及其反函数的图像.

单元总复习

一、选择题

1. 已知函数 $f(x)=\dfrac{x-2}{x+2}$,则 $f(-1)=$(　　).

A. 3　　B. -3　　C. $\dfrac{1}{3}$　　D. $-\dfrac{1}{3}$

2. 函数 $f(x)=x^2+11x+7$,则 $f(x+1)=$(　　).

A. $x^2-13x+19$　　B. $x^2-13x+18$

C. $x^2+13x+19$　　D. $x^2+13x+18$

3. 函数 $y=\sqrt{-x^2+x+6}$ 的定义域是(　　).

A. $(-2,3)$　　B. $[-2,3]$　　C. $(-3,2)$　　D. $[-3,2]$

4. 已知函数 $f(x)=\begin{cases}3x-2, & -3\leqslant x\leqslant 1\\ x^2-3x+4, & 1<x\leqslant 5\end{cases}$,则 $f(-2)+f(2)=$(　　).

A. 0　　B. -4　　C. -6　　D. 10

5. 若函数 $f(x)$ 在 $(0,+\infty)$ 上是减函数,那么下列(　　)是正确的.

A. $f(3)>f(2)>f(4)$　　B. $f(4)>f(3)>f(2)$

C. $f(2)>f(4)>f(3)$　　D. $f(2)>f(3)>f(4)$

6. 若函数 $y=(k-2)x-3$ 是减函数,那么 k 的取值范围是(　　).

A. $k>2$　　B. $k\geqslant 2$　　C. $k\leqslant 2$　　D. $k<2$

7. 函数 $y=3x^4+2x^2-5$ 是(　　).

A. 奇函数　　B. 偶函数

C. 既是奇函数又是偶函数　　D. 非奇非偶函数

8. 设点 $(1,2)$ 是奇函数 $y=f(x)$ 图像上的点,则下列点(　　)在函数的图像上.

A. $(-1,2)$　　B. $(-1,-2)$　　C. $(1,-2)$　　D. $(2,1)$

9. 关于函数 $f(x)=x^2+2x-3$,下列说法(　　)是正确的.

A. 在区间 $(-\infty,1)$ 上是减函数　　B. 在区间 $(-\infty,-1)$ 上是减函数

C. 在区间 $(-\infty,0)$ 上是减函数　　D. 在区间 $(-\infty,+\infty)$ 上是减函数

10. 下列命题正确的是(　　).

A. $y=kx+b(k\neq 0)$ 在 R 上是增函数　　B. $y=\dfrac{1}{x}(x\neq 0)$ 是增函数

C. $y=x^2$ 在 $(-\infty,0)$ 上是增函数　　D. $y=x^3$ 在 R 上是增函数

二、填空题

11. 已知函数 $f(x)=x^2+x$,则 $f(3)f(-2)=$________.

12. 点 $P(1,-3)$ 关于坐标原点的对称点的坐标是________.

13. 函数 $y=\sqrt{1-x^2}$ 的定义域是________.

14. 函数 $y=-x^2-2x+1$ 的对称轴是________,$y_{max}=$________.

15. 设函数 $f(x)=\begin{cases}1-2x, x\geqslant 0\\ x^2+3, x<0\end{cases}$，则 $f(-3)=$ ________，$f(0)=$ ________.

16. 已知函数 $f(x)=\dfrac{2x+1}{3-x}$，则 $f^{-1}(3)=$ ________.

17. 函数图像如下图所示，则函数的减区间是________.

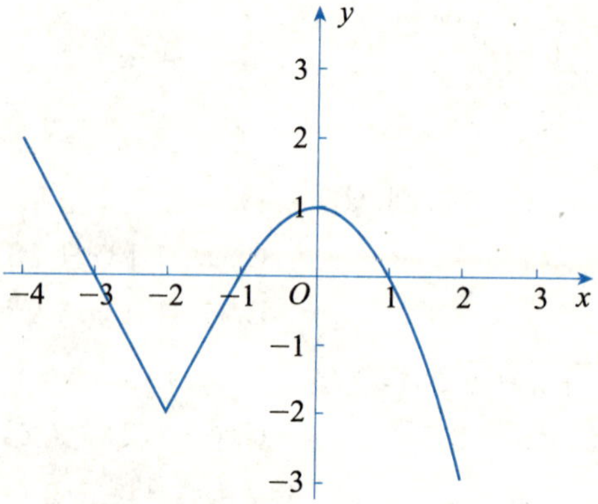

18. 已知函数 $f(x)$ 是奇函数，且 $f(-8)-9$，则 $f(8)=$ ________.

三、解答题

19. 已知函数 $f(x)=\dfrac{x-3}{2x+1}$，求函数的反函数及 $f^{-1}(1)$，$f^{-1}(a+1)$.

20. 求函数 $f(x)=\dfrac{1}{\sqrt{4-x^2}}$ 的定义域.

21. 已知函数 $f(x)=\begin{cases}x^2+1, x\leqslant 1\\ \dfrac{2}{x}, \quad x>1\end{cases}$,求 $f(-2)f(3)$, $f(f(-3))$ 的值.

22. 判断函数 $f(x)=x^3-\dfrac{3}{x}$ 的奇偶性.

23. 某服装批发市场经销某名牌男式衬衣,采用打折方式促销:10件以下每件按批发价288元销售;10件(含10件)至50件,按批发价9折销售;50件(含50件)以上按批发价8折销售.试写出销售货款 y 元与销售件数 x 之间的函数关系.

函数单元综合测试 A 卷

一、选择题(本大题共 12 小题,每小题 4 分,满分 48 分,在每小题的四个选项中,只有一项是符合题目要求的)

1. 函数 $f(x)=\dfrac{1}{\sqrt{1-x}}$ 的定义域是(　　).

A. $(-\infty,1)$　　B. $(-1,+\infty)$　　C. $[-1,1]$　　D. $(-1,1)$

2. 函数 $f(x)=\sqrt{2x+3}$ 的定义域是(　　).

A. $(-\infty,+\infty)$　　B. $(0,+\infty)$　　C. $\left(-\infty,-\dfrac{3}{2}\right]$　　D. $\left[-\dfrac{3}{2},+\infty\right)$

3. 函数 $f(x)=\dfrac{x-1}{x}$,则 $f(1)$ 的值是(　　).

A. 0　　B. 1　　C. -1　　D. 2

4. 已知函数 $f(x)$ 是奇函数,且 $f(2)=1$,则 $f(-2)=$(　　).

A. -2　　B. -1　　C. 1　　D. 2

5. 若函数 $y=(k+1)x-3$ 是增函数,那么 k 的取值范围是(　　).

A. $k>-1$　　B. $k\geqslant-1$　　C. $k<-1$　　D. $k\leqslant-1$

6. 函数 $y=x^3-x+3$ 是(　　).

A. 奇函数　　B. 偶函数

C. 既是奇函数又是偶函数　　D. 非奇非偶函数

7. 函数 $y=-\dfrac{1}{3}x^2-2x-5$ 可化为(　　).

A. $y=-\dfrac{1}{3}(x-1)^2+6$　　B. $y=-\dfrac{1}{3}(x-3)^2-2$

C. $y=-\dfrac{1}{3}(x+3)^2-2$　　D. $y=-\dfrac{1}{3}(x+1)^2-4$

8. 函数 $f(x)=x^2+bx+c$,若 $f(3)=f(5)$,则 $b=$(　　).

A. -8　　B. -4　　C. 4　　D. 8

9. 若函数 $f(x)=\begin{cases}3x-1, x\in(-\infty,2]\\3x+3, x\in(2,+\infty)\end{cases}$,则 $f(4)$ 的值是(　　).

A. 11　　B. 13　　C. 15　　D. 17

10. 下列各函数在定义区间上是增函数的是(　　).

A. $f(x)=3x+1, x\in\mathrm{R}$　　B. $f(x)=x^2-1, x\in\mathrm{R}$

C. $f(x)=\dfrac{1}{x}, x\in(0,+\infty)$　　D. $f(x)=(x-1)^2, x\in(0,+\infty)$

11. 函数 $y=-2x^2+4x-7$ 的值域是(　　).

A. $[5,+\infty)$　　B. $(-\infty,-5)$　　C. $(-\infty,-5]$　　D. $(5,+\infty)$

12. 函数 $y=x^2-4x+2(x\in[0,3])$ 的最大值为(　　).

A. -2　　B. -1　　C. 2　　D. 3

二、填空题(本大题共8小题,每小题4分,共32分)

13. 函数 $f(x)=\dfrac{1}{x+4}$ 的定义域是________.

14. 若函数 $f(x)$ 过点 $(1,-2)$,则其反函数必过点________.

15. 函数 $f(x)=x^2+2x+3$ 的对称轴是________,最小值是________.

16. 若 $f(x)$ 是定义在 R 上的奇函数,则 $f(0)=$ ________.

17. 函数 $f(x)=-x^2+2x-8$ 的值域是________.

18. 若函数 $f(x)$ 在 R 上是偶函数,且 $f(8)=10$,则 $f(-8)=$ ________.

19. 若 $f(x)$ 是定义在 R 上的减函数,则 $f(-3)$ ________ $f(3)$(填"$>$""$<$""$=$").

20. 若 $f(x)$ 是R上的,且是增函数,则 $f(-2)$,$f(1)$,$f(3)$ 按从小到大的顺序依次是____________(用"$<$"号连接).

三、解答题(本大题共4小题,每小题5分,共20分)

21. 判断下列函数的奇偶性:

(1) $f(x)=x+1$;

(2) $f(x)=x^2+3$;

(3) $f(x)=x^5+x^3+x$.

22. 已知函数 $f(x)=\begin{cases}x-1, & x\geqslant 0\\ x^2-x+8, & x<0\end{cases}$,求 $f(0)$,$f(-2)$,$f(5)$.

23. 求函数 $f(x)=2x^2+4x+5$ 的定义域、值域及图像的对称轴，并说明它的单调区间.

24. 已知二次函数的图像对称轴为 $x=1$，函数有最大值 2，且过点 (2,1)，求函数的表达式.

函数单元综合测试B卷

一、选择题(本大题共12小题,每小题4分,满分48分,在每小题的四个选项中,只有一项是符合题目要求的)

1. 函数 $y=\dfrac{\sqrt{x+1}}{x-1}$ 的定义域是(　　).

A. $(-1,1)$　　B. $(-1,+\infty)$　　C. $[-1,1)$　　D. $[-1,1)\cup(1,+\infty)$

2. 函数 $y=x^2-x+1$ 的值域是(　　).

A. $\left(-\infty,\dfrac{3}{4}\right)$　　B. $\left(-\infty,\dfrac{3}{4}\right]$　　C. $\left[\dfrac{3}{4},+\infty\right)$　　D. $\left(\dfrac{3}{4},+\infty\right)$

3. $f(x)=\begin{cases}x-3, & x\geqslant 0\\ x^2-1, & x<0\end{cases}$,则 $f[f(2)]$ 的值是(　　).

A. 1　　B. 0　　C. -1　　D. -2

4. 下列函数,在定义域内递增的是(　　).

A. $f(x)=x^2$　　B. $f(x)=\log_2 x$　　C. $f(x)=(\dfrac{2}{3})^x$　　D. $f(x)=-2x+3$

5. 反比例函数 $y=\dfrac{3}{x}$ 的单调减区间是(　　).

A. $(-\infty,+\infty)$　　B. $(-\infty,0)$　　C. $(0,+\infty)$　　D. $(-\infty,0)$ 和 $(0,+\infty)$

6. 下列函数中,在 $(0,+\infty)$ 内是减函数的是(　　).

A. $y=x^2$　　B. $y=\dfrac{1}{x}$　　C. $y=|x|$　　D. $y=2x+1$

7. 已知函数 $y=-x^2-mx+2$ 在区间 $(-\infty,3]$ 内递增,在区间 $[3,+\infty)$ 内递减,则 $m=$(　　).

A. 6　　B. -6　　C. 2　　D. -2

8. 下列各函数中,是奇函数的是(　　).

A. $f(x)=2x-1$　　B. $f(x)=x-\dfrac{1}{x}$

C. $f(x)=x^3+x^2$　　D. $y=x^2+1$

9. 已知函数 $f(x)=x^2+bx+3(b\in\mathbf{R})$ 的图像以 $x=1$ 为对称轴,则 $f(x)$ 的最小值为(　　).

A. 1　　B. 2　　C. 3　　D. 4

10. 若 $f(x)=(m-1)x^2+2mx+3$ 是偶函数,则 $f(x)$ 在 $(-\infty,0)$ 上是(　　).

A. 增函数　　B. 减函数　　C. 先增后减函数　　D. 先减后增函数

11. 函数 $y=-x^2-4x+2$ 的对称轴和最大值是(　　).

A. $x=2,-6$　　B. $x=-2,6$　　C. $y=2,-6$　　D. $y=-2,6$

12. 函数 $y=-x^2+2x-2$ 的值域是(　　).

A. $[4,+\infty)$　　B. $[2,+\infty)$　　C. $(-\infty,-1]$　　D. $(-\infty,2]$

二、填空题(本大题共 8 小题,每小题 4 分,共 32 分)

13. 函数 $y=-x^2-2x+2$ 的顶点坐标是________,对称轴是________.

14. 若 $f(x)$ 在 R 上是增函数,则 $f(0)$ ________ $f(3)$(填"$>$""$<$""$=$").

15. 函数 $f(x)=x^2+5x+6$,则 $f(x-1)=$ ________.

16. 已知函数 $f(x)=3x-2$,则 $f^{-1}(4)=$ ________.

17. 若 $f(x)$ 是偶函数,且在 $(0,+\infty)$ 上是减函数,那么 $f(x)$ 在 $(-\infty,0)$ 上是________函数(填"增"或"减").

18. 已知奇函数 $f(x)$,若 $f(-2)=4$,$f(1)=-1$,则 $3f(-1)+f(2)=$ ________.

19. 已知函数 $f(x)=-x^2-4x-6$,其单调增区间是________,单调减区间是________.

20. $f(x)$ 是定义在 $(0,+\infty)$ 上的增函数,则不等式 $f(x)<f(3x-2)$ 的解集是________.

三、解答题(本大题共 4 小题,每小题 5 分,共 20 分)

21. 求下列函数的定义域:

(1) $f(x)=\dfrac{1}{x+6}$;

(2) $f(x)=\sqrt{x-8}$;

(3) $f(x)=\dfrac{1}{x^2-2x}$.

22. 已知函数 $f(x)=-3x+2$ 的定义域是 $\{x \mid 0\leqslant x\leqslant 4\}$,求函数 $f(x)$ 的值域.

23. 已知一次函数 $f(x)=kx+b$ 的图像过点 $(1,1)$，$(2,4)$，求 $f(x)$ 的解析式．

24. 已知 $f(x)=x^2+2bx+c$，且 $f(0)=-4$，$f(x)$ 的最小值为 -8，求 $f(x)$ 的单调区间．

第 4 章　指数函数与对数函数

4.1　实数指数幂

4.1.1　分数指数幂

理论过关

1. 指数及其运算性质：当 n 为奇数时，$\sqrt[n]{a^n}=$ ________；当 n 为偶数时，$\sqrt[n]{a^n}=$ ________.

2. 分数指数幂：正分数指数幂 $a^{\frac{m}{n}}=$ ________；负分数指数幂 $a^{-\frac{m}{n}}=$ ________.

一、选择题

1. 下列说法正确的是（　　）.

A. -2 是 16 的四次方根　　B. 正数的 n 次方根有两个

C. a 的 n 次方根就是 $\sqrt[n]{a}$　　D. $\sqrt[n]{a^n}=a$

2. 下列各式中，正确的是（　　）.

A. $0^0=1$　　B. $(-1)^{-1}=1$

C. $a^{-\frac{7}{4}}=\dfrac{1}{\sqrt[7]{a^4}}$　　D. $a^{\frac{3}{5}}=\sqrt[5]{a^3}$

3. $\left(\dfrac{81}{16}\right)^{-\frac{3}{4}}$ 的值是（　　）.

A. $\dfrac{8}{27}$　　B. $-\dfrac{8}{27}$　　C. $\dfrac{3}{2}$　　D. $-\dfrac{3}{2}$

4. 下列说法正确的有（　　）.

① $\sqrt[3]{-27}=3$　②16 的四次方根是 ± 2　③ $\sqrt[4]{81}=\pm 3$　④ $\sqrt[4]{(3-\pi)^4}=3-\pi$

A. 1 个　　B. 2 个　　C. 3 个　　D. 4 个

5. 已知 $a>0$，则 $\dfrac{a^2}{\sqrt{a}\cdot\sqrt[3]{a^2}}=$（　　）.

A. a　　B. $a^{\frac{5}{6}}$　　C. $a^{\frac{1}{2}}$　　D. $a^{-\frac{5}{6}}$

二、填空题

6. $\sqrt[4]{(-25)^2}=$ ________.

7. (1) $\sqrt{(1-\sqrt{3})^2}=$ ________；(2) $\sqrt[3]{(1-\sqrt{3})^3}=$ ________.

8. 设 α,β 是方程 $2x^2+3x+1=0$ 的两根，则 $\left(\frac{1}{4}\right)^{\alpha+\beta}=$ ________.

9. $\sqrt{(3-\pi)^2}=$ ________.

10. 根式 $a\sqrt{a}$ 的分数指数幂形式为________.

三、解答题

11. 将下列根式写成分数指数幂的形式：

(1) $\sqrt[6]{3^5}$；　　(2) $\frac{1}{\sqrt[5]{3^4}}$；

(3) $\sqrt{3^3}$；　　(4) $\sqrt[5]{\frac{2}{3}}$.

12. 将下列分数指数幂写成根式的形式：

(1) $\left(\frac{1}{2}\right)^{\frac{3}{4}}$；　　(2) $2^{\frac{1}{2}}$；

(3) $3^{-\frac{5}{2}}$；　　(4) $(-2)^{\frac{7}{3}}$.

13. 计算下列各式：

(1) $8^{\frac{2}{3}}$；　　(2) $0.000\,4^{\frac{1}{2}}$；

(3) $\left(\frac{27}{64}\right)^{\frac{2}{3}}$；　　(4) $\left(\frac{4}{9}\right)^{-\frac{1}{2}}$

(5) $\left(\frac{4}{25}\right)^{-\frac{3}{2}}$；　　(6) 4^{-2}；

(7) $\left(\frac{2}{3}\right)^{-3}$；　　(8) $(\pi+\sqrt{5})^{0}$.

14. 将下列分数指数幂写成根式的形式：

(1) $x^{\frac{1}{3}}$；　　(2) $x^{-\frac{1}{2}}$；　　(3) $\left(\frac{1}{x}\right)^{-\frac{3}{2}}$；　　(4) $\left(\frac{y}{x}\right)^{-\frac{1}{2}}$.

15. 将下列根式写成分数指数幂的形式：

(1) $\sqrt[3]{x^2}$；　　(2) $x\cdot\sqrt[3]{x}$；　　(3) $\frac{1}{\sqrt[3]{x^5}}$；　　(4) $\sqrt{x\sqrt{x}}$.

4.1.2　实数指数幂及其运算法则

理论过关

若 $a>0$ 且 $a\neq1$，则 $a^m\cdot a^n=$ ________；$a^m\div a^n=$ ________；$(a^m)^n=$ ________；$a^0=$ ________；$a^1=$ ________.

一、选择题

1. 已知 $a>0$，则下列运算中正确的是(　　).

A. $a^{\frac{7}{5}}\cdot a^{\frac{5}{7}}=a$　　B. $a^{\frac{1}{5}}\div a^{-\frac{4}{5}}=a$

C. $(a^{\frac{3}{5}})^2=a^{\frac{9}{25}}$　　D. $a^{\frac{7}{5}}\cdot a^{-\frac{5}{7}}=0$

2. 下列等式一定成立的是(　　).

A. $a^{\frac{1}{3}}\cdot a^{\frac{3}{2}}=a$　　B. $a^{-\frac{1}{2}}\cdot a^{\frac{1}{2}}=0$

C. $(a^3)^2=a^9$　　D. $a^{\frac{1}{2}}\div a^{\frac{1}{3}}=a^{\frac{1}{6}}$

3. 设 $b\neq 0$,化简式子 $(a^3b^{-3})^{\frac{1}{2}}\cdot(a^{-2}b^2)^{\frac{1}{3}}\cdot(ab^5)^{\frac{1}{6}}$ 的结果是(　　).

A. a　　B. $(ab)^{-1}$　　C. ab^{-1}　　D. a^{-1}

4. 若 $a>0$,则下列计算正确的是(　　).

A. $(a^{\frac{4}{3}})^{\frac{3}{4}}=a$　　B. $a^{\frac{3}{4}}\div a^{\frac{4}{3}}=a$

C. $a^{\frac{3}{4}}\cdot a^{\frac{4}{3}}=a$　　D. $a^{-\frac{3}{4}}\cdot a^{\frac{3}{4}}=0$

5. 下列等式中不成立的是(　　)(其中 $a>0,b>0$).

A. $a^m\cdot a^n=a^{m+n}$　　B. $(a^m)^n=a^{m+n}$

C. $\dfrac{a^m}{a^n}=a^{m-n}$　　D. $(ab)^n=a^nb^n$

6. 已知 $a>0,m,n\in\mathrm{Q}$,下列各式中正确的是(　　).

A. $a^n\div a^m=a^{\frac{n}{m}}$　　B. $a^n\times a^m=a^{n\cdot m}$

C. $(a^n)^m=a^{n+m}$　　D. $1\div a^n=a^{-n}$

7. 下面计算正确的是(　　).

A. $(-1)^2=-1$　　B. $(-1)^0=0$

C. $a\cdot(-3)^{-2}=-\dfrac{a}{9}$　　D. $(a^{-\frac{1}{2}})^2=\dfrac{1}{a}(a>0)$

二、填空题

8. 用分数指数幂表示下列各式($a>0$):$a^2\sqrt{a}=$ ________;$\dfrac{a}{\sqrt[5]{a^3}}=$ ________.

9. $0.027^{-\frac{1}{3}}-\left(-\dfrac{1}{7}\right)^{-2}+256^{\frac{3}{4}}-3^{-1}+(\sqrt{2}-1)^0=$ ________.

10. 若 $m,n\in\mathrm{Z}$,满足 $5^m=a,5^n=\dfrac{1}{b}$,则 $5^{2m-n}=$ ________.

11. $32^{-\frac{1}{5}}=$ ________;$0.008^{-\frac{2}{3}}=$ ________.

三、解答题

12. 计算下列各式:

(1) $\sqrt{5}\times\sqrt[3]{5}\div\sqrt[6]{5^5}$;　　(2) $(\sqrt[3]{27})^2-4^{\frac{3}{2}}-(\dfrac{25}{49})^{-\frac{1}{2}}$;

(3) $\sqrt[3]{4}\times\sqrt[4]{8}\div\sqrt{16}\times\sqrt[6]{32}$;　　(4) $\dfrac{\sqrt[3]{9}}{\sqrt[9]{\dfrac{1}{27}}}$.

13. 化简下列各式：

(1) $\dfrac{(3a^5b^3)^4}{(2a^3b^2)^2}$；　　(2) $(a^{\frac{3}{2}}+b^{\frac{3}{2}})(a^{\frac{3}{2}}-b^{\frac{3}{2}})$；

(3) $\dfrac{\sqrt{a}\times\sqrt[3]{a}\times\sqrt[4]{a}}{\sqrt[12]{a}}$；　　(4) $\sqrt{a\sqrt{a}}\div\sqrt[4]{a}$.

14. 计算下列各式：

(1) $(0.027)^{\frac{2}{3}}+\left(\dfrac{125}{27}\right)^{\frac{1}{3}}-\left(\dfrac{25}{9}\right)^{0.5}$；　　(2) $4^{\frac{3}{2}}+16^{\frac{1}{4}}+32^{\frac{2}{5}}$；

(3) $\sqrt{3}\times\sqrt[3]{3}\times\sqrt[3]{9}\times\sqrt[2]{27}$；　　(4) $(\sqrt{5}\times\sqrt[4]{2})^2\div\sqrt{2}$.

15. 化简下列各式：

(1) $\left[(-\sqrt{3})^2\right]^{\frac{1}{2}}$；　　(2) $(a^{\frac{3}{2}}b^{\frac{1}{3}})^2\ (a^{-1}b^{\frac{5}{6}})^2$；

(3) $\dfrac{a^{-1}b^2}{a^{\frac{1}{2}}b^3}$；　　(4) $(a^{\frac{1}{2}}+b^{\frac{1}{2}})(a^{\frac{1}{2}}-b^{\frac{1}{2}})$.

16. 计算：$0.125^{-\frac{1}{3}}+\left(\frac{4}{9}\right)^{\frac{1}{2}}+(\pi-3)^0-\left(\frac{1}{8}\right)^{-\frac{2}{3}}$.

4.1.3　幂函数举例

一、选择题

1. 下列函数是幂函数的是(　　).

A. $y=x+1$　　B. $y=x^3$　　C. $y=x^2+1$　　D. $y=2x^3$

2. 幂函数 $y=x^\alpha(\alpha\in \mathrm{R})$ 都经过点(　　).

A. (0,1)　　B. (1,0)　　C. (0,0)　　D. (1,1)

3. 函数 $y=x^{-2}$ 的定义域为(　　).

A. $(-\infty,0)$　　B. $(0,+\infty)$

C. $(-\infty,0)\cup(0,+\infty)$　　D. $(-\infty,0)\cap(0,+\infty)$

二、填空题

4. 幂函数 $f(x)$ 的图像过点$(3,\sqrt{3})$，则 $f(x)$ 的解析式是________.

5. 函数 $f(x)=(x-1)^\alpha$ 必过定点________.

6. 函数 $f(x)=x^{\frac{1}{2}}$ 的定义域为________.

三、解答题

7. 用描点法作出幂函数 $y=x^{-3}$ 的图像，指出函数的定义域、单调区间和奇偶性.

8. 用描点法作出幂函数 $y=x^{\frac{1}{3}}$ 的图像，指出函数的定义域、单调区间和奇偶性。

4.2　指数函数

理论过关

指数函数 $y=a^x$.

	$a>1$	$0<a<1$
图像	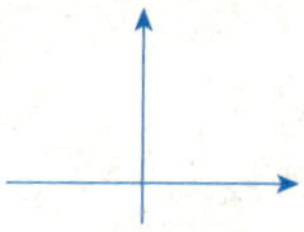	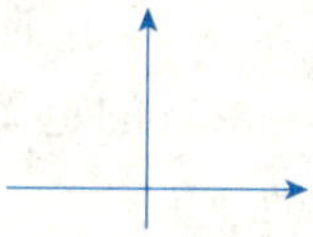
函数性质	(1) 定义域________；(2) 值域________；(3) 必过点________	
	(4) 在 r 内递________	(5) 在 r 内递________
	(6) 当 $x>0$ 时，________； 当 $x<0$ 时，________	(7) 当 $x>0$ 时，________； 当 $x<0$ 时，________

一、选择题

1. 下列函数是指数函数的是(　　).

A. $y=(-3)^x$　　B. $y=x^4$　　C. $y=5^x$　　D. $y=3x^3$

2. 指数函数 $y=a^x(a>0$ 且 $a\neq1)$ 都经过点(　　).

A. $(0,1)$　　B. $(1,0)$　　C. $(0,0)$　　D. $(1,1)$

3. 函数 $y=2^{1-x}$ 的定义域为(　　).

A. $(-\infty,0)$　　B. $(0,+\infty)$　　C. $(-\infty,+\infty)$　　D. $(-\infty,0)\cap(0,+\infty)$

4. 指数函数 $f(x)$ 的图像过点 $(2,4)$，则 $f(-2)=$(　　).

A. $\frac{1}{2}$　　B. -2　　C. $\frac{1}{4}$　　D. -4

二、填空题

5. 指数函数 $f(x)$ 的图像过点 $(3,27)$，则 $f(x)$ 的解析式是________.

6. 函数 $f(x)=a^{x-1}$ 必过定点________.

三、解答题

7. 判断下列函数哪些是指数函数：

(1) $y = 3.2^x$；　(2) $y = 8 \times 2^x$；

(3) $y = x^3$；　(4) $y = 3^{-x}$；

(5) $y = 2^{\frac{x}{2}}$；　(6) $y = (\pi - 1)^x$.

8. 判断下列函数在 $(-\infty, +\infty)$ 内的单调性：

(1) $y = 0.2^x$；　(2) $y = \left(\frac{\pi}{6}\right)^{-x}$；

(3) $y = 4^{\frac{x}{2}}$；　(4) $y = \left(\frac{3}{2}\right)^x$.

9. 求下列函数的定义域：

(1) $y = 2^{3-x}$；　(2) $y = 3^{2x+1}$；

(3) $y = \left(\frac{1}{2}\right)^{5x}$；　(4) $y = (0.7)^{\frac{1}{x}}$.

10. 求下列函数的值域：

(1) $y=\left(\frac{1}{2}\right)^{x}+1$；

(2) $y=2^{x}+1$.

11. 已知指数函数 $f(x)=a^{x}(a>0$，且 $a\neq 1)$ 的图像经过点 $(3,\pi)$，求 $f(0)$，$f(1)$，$f(-3)$ 的值.

12. 利用指数函数的单调性比较下列各题中两个值的大小：

(1) $3^{0.8}$，$3^{0.7}$；

(2) $0.75^{-0.1}$，$0.75^{0.1}$；

(3) $1.01^{2.7}$，$1.01^{3.5}$；

(4) $0.99^{3.3}$，$0.99^{4.5}$.

13. 已知函数 $f(x)=\dfrac{1}{\sqrt{a^{x}-1}}$ 的图像过点 $(1,\sqrt{2})$，

(1) 求 a 的值；

(2) 求函数定义域；

(3) 求 $f(2)$ 的值.

14. 某工厂原来的年产值为 2 亿元，计划今年开始年产值平均增加 5.3%，x 年后年产值为 y 百万元.

(1) 建立 x,y 的函数关系式；

(2) 求 5 年后的生产值(精确到 0.01).

4.3　对数

4.3.1　对数的概念、常用对数与自然对数

理论过关

1. 以 10 为底的对数叫常用对数，记为________.

2. 以 $e=2.7182828\cdots$ 为底的对数叫自然对数，记为________.

一、选择题

1. 下列说法正确的是(　　).

A. 对数式是指数式的另一种表达形式

B. 任何数都有对数

C. lg2 称为自然对数

D. $2^3=8$ 的对数形式是 $\log_3 8=2$

2. 下列各式中，正确的是(　　).

A. $\log_2 1=2$　　B. $\log_2 2=1$　　C. $\lg 10=10$　　D. $\ln 1=e$

3. $5^x=y$ 写成对数式是(　　).

A. $\log_5 x=y$　　B. $\log_x 5=y$　　C. $\log_5 y=x$　　D. $\log_y 5=x$

二、填空题

4. $\log_{0.7}0.7=$ ________; $\log_6 1=$ ________; $\log_5 5=$ ________.

5. $\ln 1=$ ________; $\ln e=$ ________.

三、解答题

6. 将下列对数式写成指数式：

(1) $\log_{\frac{1}{2}}16=-4$;　　(2) $\log_2 128=7$;

(3) $\lg 0.01=-2$;　　(4) $\ln 10=2.303$.

7. 将下列指数式写成对数式：

(1) $2^{-7}=\frac{1}{128}$;　　(2) $3^a=27$;

(3) $10^{-1}=0.1$;　　(4) $\left(\frac{1}{3}\right)^m=5.73$.

8. 指数式、对数式互化：

(1) $3^5=243$；　(2) $2^x=17$；　(3) $\log_2 256=8$；

(4) $\lg\dfrac{1}{10\,000}=-4$；　(5) $\ln y=21$.

4.3.2　积、商、幂的对数

理论过关

1. $\log_a 1=$ ________，$\log_a a=$ ________.

2. 积的对数：$\log_a(MN)=$ ________；商的对数：$\log_a\dfrac{M}{N}=$ ________；幂的对数：$\log_a M^n=$ ________；方根的对数：$\log_a\sqrt[n]{M}=$ ________.

一、选择题

1. 已知 $a>0$ 且 $a\neq1$，$x>0$，下列运算中正确的是(　　).

A. $\log_2(6+2)=\log_2 6+\log_2 2$　　B. $\log_a(3x)=3\log_a x$

C. $\log_{10}\sqrt[3]{a^4}=\dfrac{4}{3}\log_{10}a$　　D. $\log_2(4\div2)=\dfrac{\log_2 4}{\log_2 2}$

2. 已知 $f(x^3)=\log_2 x$，则 $f(8)$ 的值等于(　　).

A. 1　　B. 2　　C. 8　　D. 12

3. 化简 $\lg\sqrt{2}+\lg\sqrt{5}+\log_3 1$ 的结果是(　　).

A. $\dfrac{1}{2}$　　B. 1　　C. 2　　D. $\sqrt{10}$

4. 下列各式中，正确的是(　　).

A. $\lg x^2=2\lg x$　　B. $n\log_a x=\log_a\sqrt{x}$

C. $\dfrac{\log_a x}{\log_a y}=\log_a\dfrac{x}{y}$　　D. $\sqrt{\log_a x}=\dfrac{1}{2}\log_a x$

5. $\log_4 64-\log_4 4=$(　　).

A. $\log_4 60$　　B. $\dfrac{\log_4 64}{\log_4 4}$　　C. 2　　D. 1

6. 若 $\lg a=3.141\,59$，$\lg b=2.141\,59$，则 $\dfrac{a}{b}=$(　　).

A. $\dfrac{1}{100}$　　B. $\dfrac{1}{10}$　　C. 10　　D. 100

二、填空题

7. 若 $3^a=2$，则 $\log_3 8-2\log_3 6=$ ________.

8. 计算 $(\lg5)^2+\lg2\cdot\lg50=$ ________.

9. 计算 $\log_3 9+\log_{0.3}1+\lg2+\lg5=$ ________.

10. 设 $\log_a 2=m$，$\log_a 3=n$，求 $a^{2m+n}=$ ________.

三、解答题

11. 计算下列各式：

(1) $\lg0.001$；

(2) $\log_4 8$；

(3) $\ln\sqrt{e}$；

(4) $\frac{1}{2}\log_2 36-\log_2 3$；

(5) $\log_3\sqrt{3}$；

(6) $3^{\log_3 5}$；

(7) $3^{\log_{\sqrt{3}}3}$；

(8) $2\lg3+\lg7+\lg\frac{25}{9}-\lg\frac{7}{4}$；

(9) $(\lg5)^2+\lg2\cdot\lg25+(\lg2)^2$.

12. 求下列各式中 x 的值：

(1) $\log_{64}x=-\frac{2}{3}$；

(2) $\log_x 8=6$；

(3) $\lg100=x$；

(4) $-\ln e^2=x$.

13. 用 $\lg x$，$\lg y$，$\lg z$ 表示下列各式：

(1) $\lg xy$；

(2) $\lg\frac{xy}{z}$；

(3) $\lg \frac{x^2}{yz}$；　　(4) $\lg \frac{x^2}{y^3}$；

(5) $\lg \frac{xy^2}{z}$；　　(6) $\lg \frac{x}{yz}$.

14. 用 $\lg x, \lg y, \lg z$ 表示下列各式：

(1) $\lg(x^2 y^2 z)$；　　(2) $\lg\left(\frac{x^4}{y^2}\right)^{\frac{1}{4}}$；

(3) $\lg(xy^{\frac{1}{3}} z^{-\frac{1}{2}})$；　　(4) $\lg\left(x^6\sqrt{\frac{y}{z}}\right)$；

(5) $\lg \sqrt[3]{xy}$；　　(6) $\lg\sqrt[5]{\frac{xy}{z^2}}$.

15. 计算下列各式的值：

(1) $\lg 25 + \lg 40$；　　(2) $\lg 700 - \lg 7$.

4.4 对数函数

理论过关

对数函数 $y=\log_a x(a>0,a\neq 1)$.

<table>
<tr><td></td><td>$a>1$</td><td>$0<a<1$</td></tr>
<tr><td>图像</td><td></td><td>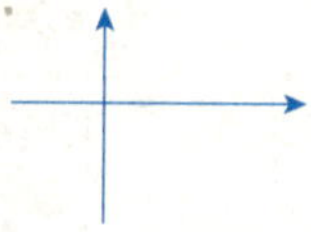</td></tr>
<tr><td rowspan="3">函数性质</td><td colspan="2">(1) 定义域________;(2) 值域________;(3) 必过点________</td></tr>
<tr><td>(4) 在 R 内递________</td><td>(5) 在 R 内递________</td></tr>
<tr><td>(6) 当 $0<x<1$ 时,________;
当 $x>1$ 时,________</td><td>(7) 当 $0<x<1$ 时,________;
当 $x>1$ 时,________</td></tr>
</table>

一、选择题

1. 下列函数是对数函数的是(　　).

A. $y=(-3)^x$　　B. $y=\dfrac{1}{x}$　　C. $y=5^{-x}$　　D. $y=\log_2 x(x>0)$

2. 函数 $y=\log_3 x$(　　).

A. 在区间$(-\infty,+\infty)$内是增函数

B. 在区间$(-\infty,+\infty)$内是减函数

C. 在区间$(0,+\infty)$内是增函数

D. 在区间$(0,+\infty)$内是减函数

3. 下列对数函数在区间$(0,+\infty)$内为增函数的是(　　).

A. $y=\log_{0.5}x$　　B. $y=\log_{\frac{1}{3}}x$　　C. $y=\log_4 x$　　D. $y=\log_{\frac{1}{10}}x$

4. 对数函数 $y=\log_a x$ 的图像过点$(4,-1)$,则底 $a=$(　　).

A. $\dfrac{1}{2}$　　B. -2　　C. $\dfrac{1}{4}$　　D. -4

5. 若$\log_a 2<\log_b 2<0$,则(　　).

A. $0<a<b<1$　　B. $0<b<a<1$　　C. $a>b>1$　　D. $b>a>1$

二、填空题

6. 对数函数 $y=f(x)$ 的图像过点$(5,1)$,则 $f(x)=$________.

7. 函数 $y=\log_{0.6}x$ 是底数 $a=$________的________函数,定义域是________,值域是________.

8. 函数 $y=\log_2(x-3)$ 的定义域为________.

三、解答题

9. 求下列函数的定义域:

(1) $y=\log_3 x^2$;　　(2) $y=\log_2(4-x)$;

(3) $y=\dfrac{1}{\log_5 x}$；

(4) $y=\log_{\frac{1}{3}}(2x-3)$；

(5) $y=\sqrt{\lg x-1}$；

(6) $y=\log_7\dfrac{1}{1-3x}$.

10. 比较下列各组数的大小：

(1) $\log_2 3.4$，$\log_2 8.5$；

(2) $\log_{0.3} 1.8$，$\log_{0.3} 2.7$；

(3) $\log_a 5.1$，$\log_a 5.9$（$a>0$，且 $a\neq 1$）.

11. 某商场销售额为 10 万元，实行改革后，每年销售额以 15% 的幅度增加，照此发展下去，多少年后商场销售额达到现在的 5 倍（精确到个位）？

12. 画出函数 $f(x)=\log_2|x|$ 的图像并写出单调区间.

单元总复习

一、选择题

1. 若 $a>0$，且 m,n 为整数，则下列各式中正确的是（　　）.

A. $a^m \div a^n = a^{\frac{m}{n}}$　　B. $a^m \cdot a^n = a^{m \cdot n}$

C. $(a^m)^n = a^{m+n}$　　D. $1 \div a^n = a^{0-n}$

2. 下列函数是幂函数的是（　　）.

A. $y=(-3)^x$　　B. $y=\dfrac{1}{x}$　　C. $y=x^{\pi}$　　D. $y=\log_2 x(x>0)$

3. 下列函数是指数函数的是（　　）.

A. $y=4^x$　　B. $y=x^4$　　C. $y=(-4)^x$　　D. $y=4x^2$

4. 如果指数函数 $f(x)=(a-1)^x$ 是 R 上的单调减函数，那么 a 的取值范围是（　　）.

A. $a<2$　　B. $a>2$　　C. $1<a<2$　　D. $0<a<1$

5. 下列关系中正确的是（　　）.

A. $\left(\dfrac{1}{2}\right)^{\frac{1}{3}} > \left(\dfrac{1}{2}\right)^{\frac{1}{5}}$　　B. $2^{0.1} > 2^{0.2}$

C. $2^{-0.1} > 2^{-0.2}$　　D. $\left(\dfrac{1}{2}\right)^{-\frac{1}{5}} > \left(\dfrac{1}{2}\right)^{-\frac{1}{3}}$

6. 以下四个命题中，正确的命题个数是（　　）.

(1) 对数的真数大于 0　　(2) 若 $a>0$ 且 $a\neq 1$，则 $\log_a 1=0$

(3) 若 $a>0$ 且 $a\neq 1$，则 $\log_a a=1$　　(4) 若 $a>0$ 且 $a\neq 1$，则 $a^{\log_a 3}=3$

A. 2　　B. 1　　C. 0　　D. 4

7. 下列等式中，正确的命题个数有（　　）个.

(1) $\log_3 1=3$　(2) $\log_3 0=1$　(3) $\log_3 3=0$　(4) $\log_3 3=1$

(5) $\log_2 3^5=5\log_2 3$　(6) $\lg 20-\lg 2=1$　(7) $\log_3 81=4$　(8) $\log_{\frac{1}{2}} 4=2$

A. 3　　B. 1　　C. 5　　D. 4

8. 设 $a>0$ 且 $a\neq 1$，下列等式中正确的是（　　）.

A. $\log_a(M+N)=\log_a M+\log_a N(M>0,N>0)$

B. $\log_a(M-N)=\log_a M-\log_a N(M>0,N>0)$

C. $\dfrac{\log_a M}{\log_a N}=\log_a \dfrac{M}{N}(M>0,N>0)$

D. $\log_a M-\log_a N=\log_a \dfrac{M}{N}(M>0,N>0)$

9. 计算 $(\lg 2)^2+(\lg 5)^2+2\lg 2\cdot\lg 5$ 等于（　　）.

A. 0　　B. 1　　C. 2　　D. 3

二、填空题

10. 用根式的形式表示下列各式（$a>0$）：

(1)$a^{\frac{1}{5}}=$________;(2)$a^{-\frac{3}{2}}=$________.

11. 求下列各式的值：

(1) $25^{\frac{3}{2}}=$________;(2) $\left(\frac{25}{4}\right)^{-\frac{3}{2}}=$________.

12. 若指数函数 $y=(2a+1)^x$ 在 R 上是增函数,则实数 a 的取值范围为________.

13. 求下列各式的值：

(1) $\log_2 64=$________;(2) $\log_9 27=$________;(3)$\lg 0.0001=$________;(4)$\lg 1=$________;(5) $\log_3 9=$________;(6) $\log_{\frac{1}{3}} 9=$________;(7) $\log_{32} 8=$________.

14. 比较下列各组数大小：

(1) $3.1^{0.5}$ ________ $3.1^{2.3}$; (2) $\left(\frac{2}{3}\right)^{-0.3}$ ________ $\left(\frac{2}{3}\right)^{-0.24}$; (3) $\log_3 5.4$ ________ $\log_3 5.5$; (4) $\log_{\frac{1}{3}}\pi$ ________ $\log_{\frac{1}{3}} e$; (5)$\lg 0.02$ ________ $\lg 3.12$; (6)$\ln 0.55$ ________ $\ln 0.56$.

15. 已知函数 $y=\log_{(a-1)} x$ 在$(0,+\infty)$ 上为增函数,则 a 的取值范围是________.

三、解答题

16. 对数指数式互化：

(1) $2^4=16$;　　(2) $5^a=20$;

(3) $\log_5 125=3$;　　(4) $\log_{10} a=-2$.

17. 求下列函数的定义域：

(1) $y=\log_2(4-x)$;　　(2) $y=\log_a\sqrt{x-1}(a>0,a\neq 1)$;

(3) $y=\dfrac{3}{\sqrt{2^x-4}}$;　　(4) $y=\lg\dfrac{1}{x-1}$;

(5) $f(x)=\sqrt{\log_{\frac{1}{3}}(x-1)}$;　　(6) $y=\dfrac{1}{2^x}$;

(7) $y=\sqrt{3^x-1}$.

18. 计算：

(1) $\log_2(2^3\times4^5)$；

(2) $\log_5 125$；

(3) $\frac{1}{2}\lg25+\lg2+\lg\sqrt{10}+\lg(0.01)^{-1}$；

(4) $2\log_3 2-\log_3\frac{32}{9}+\log_3 8-3\log_5 5$；

(5) $\lg5\cdot\lg20-\lg2\cdot\lg50-\lg25$；

(6) $\lg14-2\lg\frac{7}{6}+\frac{1}{2}\lg49-\lg72+8\lg1$.

19. 已知 $\lg2=a$，$\lg3=b$，试用 a，b 表示下列各对数：

(1) $\lg108$；

(2) $\lg\frac{18}{25}$.

20. 由于电子技术的飞速发展，计算机的成本不断降低．若每隔 5 年计算机的价格降低$\frac{1}{3}$，问：现在价格为 8 100 元的计算机经过 15 年后，价格应降为多少?

指数函数与对数函数单元综合测试 A 卷

（时间 90 分钟，满分 100 分）

一、选择题（本大题共 12 小题，每小题 4 分，满分 48 分，在每小题的四个选项中，只有一项是符合题目要求的）

1. 将 $\frac{1}{\sqrt[4]{2^3}}$ 写成分数指数幂的形式，为（　　）.

A. $2^{\frac{3}{4}}$　　B. $2^{\frac{4}{3}}$　　C. $2^{-\frac{3}{4}}$　　D. $2^{-\frac{4}{3}}$

2. 下列等式不成立的是（　　）.

A. $a^{\frac{1}{5}} \cdot a^{\frac{1}{4}} = a^{\frac{1}{20}}$　　B. $a^{\frac{1}{4}} \div a^{\frac{1}{5}} = a^{\frac{1}{20}}$

C. $(a^{\frac{1}{5}})^{\frac{1}{4}} = a^{\frac{1}{20}}$　　D. $a^{\frac{1}{5}} \div a^{\frac{1}{4}} = a^{-\frac{1}{20}}$

3. 下列说法正确的是（　　）.

A. 任何实数都有平方根

B. 任何非负数的平方根都有 2 个

C. 任何实数都有立方根

D. 任何非负实数的立方根都有 2 个

4. 指数函数 $y = 3^x$ 的单调性为（　　）.

A. 单调递增　　B. 单调递减　　C. 先递增后递减　　D. 先递减后递增

5. 函数 $y = 4^{2x+1}$ 的定义域为（　　）.

A. $\left\{x \mid x > -\frac{1}{2}\right\}$　　B. R　　C. $\varnothing$　　D. $\{x \mid x > 0\}$

6. 函数 $f(x) = 2^{x+2}$ 经过点（　　）.

A. (0,1)　　B. (−2,1)　　C. (2,1)　　D. (0,3)

7. 指数函数 $f(x) = \left(\frac{1}{2}\right)^x$，当 $y > 1$ 时，x 的取值范围是（　　）.

A. $x > 0$　　B. $x < 0$　　C. $0 < x < 1$　　D. $x > 1$

8. 若 $2^{3a+1} < 2^a$，则 a 的取值范围是（　　）.

A. $\left\{a \mid a < -\frac{1}{2}\right\}$　　B. $\left\{a \mid a > -\frac{1}{2}\right\}$

C. $\left\{a \mid a < -\frac{1}{4}\right\}$　　D. $\left\{a \mid a > -\frac{1}{4}\right\}$

9. 对数函数 $f(x) = \log_a x$ 是减函数，则 a 满足（　　）.

A. $a > 0$　　B. $a < 0$　　C. $0 < a < 1$　　D. $a > 1$

10. 若 $\log_3 x = 3$，则 $x^{\frac{1}{3}}$ 的值为（　　）.

A. 3　　B. ±3　　C. 27　　D. 9

11. 若 $a > 0$ 且 $a \neq 1$，$b > 0$ 且 $b \neq 1$，则下列等式恒成立的是（　　）.

A. $10^{\lg ab}=ab$　　B. $\log_2 10^{ab}=1$

C. $\lg(a-b)=\dfrac{\lg a}{\lg b}$　　D. $\lg ab=\lg(a+b)$

12. 函数 $y=\ln(2x-1)$ 的定义域为(　　).

A. $\left\{x \mid x>-\dfrac{1}{2}\right\}$　B. $\left\{x \mid x>\dfrac{1}{2}\right\}$　C. $\left\{x \mid x<\dfrac{1}{2}\right\}$　D. $\left\{x \mid x<-\dfrac{1}{2}\right\}$

二、填空题(本大题共 8 小题,每小题 4 分,共 32 分)

13. 指数函数 $y=2^x$ 与对数函数 $y=\log_2 x$ 关于直线________对称.

14. 如果 $f(2x)=3^x$,则 $f(-4)=$________.

15. 化简 $\sqrt{x^2-4x+4}=$________.

16. 比较大小:(1) $2^{\frac{1}{2}}$ ________ $2^{\frac{1}{3}}$;(2) $\ln 3.14$ ________ $\ln\pi$.

17. 已知函数 $f(x)=2^{x^2+2x}$,则 $f(2)=$________.

18. 若 $\log_x 3\sqrt{3}=\dfrac{3}{2}$,则 $x=$________.

19. 函数 $y=\log_3(2x+1)$ 的定义域为________.

20. $2^{\frac{1}{2}},\left(\dfrac{2}{3}\right)^{-1},3^{\frac{1}{2}}$ 的大小顺序为______________.

三、解答题(本大题共 4 小题,每小题 5 分,共 20 分)

21. 计算:$(-\pi)^0+(1.5)^{-2}\times\sqrt[3]{\left(\dfrac{27}{8}\right)^2}-\dfrac{1}{\sqrt{0.01}}+\sqrt{9^2}$.

22. 判断函数 $y=\log_{\frac{1}{2}} x$ 的单调性.

23. 函数 $f(x)=a-\log_b x$ 的图像经过点 $A(1,3)$、点 $B(2,2)$，求 $f(x)$ 的表达式.

24. 已知 $3^x=2, 3^y=3$，求 3^{x-2y}.

指数函数与对数函数单元综合测试 B 卷

（时间 90 分钟，满分 100 分）

一、选择题（本大题共 12 小题，每小题 4 分，满分 48 分，在每小题的四个选项中，只有一项是符合题目要求的）

1. 指数式 $3^4=81$ 写成对数式为（　　）.

A. $\log_3 4=81$　　B. $\log_3 81=4$

C. $\log_4 3=81$　　D. $\log_4 81=3$

2. 下列等式成立的是（　　）.

A. $\log_a N+\log_a M=\log_a MN$　　B. $\log_a N-\log_a M=\log_a(N-M)$

C. $a^M\cdot a^N=(a^M)^N$　　D. $a^M+a^N=a^{MN}$

3. 已知$\log_a 3>1$，a 的取值范围为（　　）.

A. $(1,3)$　　B. $(0,1)$

C. $(0,1)\cup(1,3)$　　D. $\varnothing$

4. $2<\left(\frac{1}{2}\right)^x<16$，则（　　）.

A. $1<x<4$　　B. $-4<x<-1$

C. $2<x<4$　　D. $-1<x<4$

5. 若 $2^{2+\log_2 x}=16$，则 $x=$（　　）.

A. 16　　B. 2　　C. 4　　D. 6

6. $y=\left(\frac{1}{2}\right)^{-x}$ 是（　　）.

A. 奇函数　　B. 偶函数　　C. 增函数　　D. 减函数

7. $3^a=4$，$3^b=2$，求 $3^{2a-b}=$（　　）.

A. 2　　B. 14　　C. 32　　D. 8

8. 若 $\ln 2=a$，$\ln 3=b$，则 $\ln 24=$（　　）.

A. $a+b$　　B. $a+8b$　　C. $3a+b$　　D. $2a+2b$

9. 函数 $f(x)=(a-1)^x$ 是增函数，则 a 满足（　　）.

A. $a>2$　　B. $1<a<2$　　C. $a\neq 1$　　D. $a>1$

10. 函数 $y=(a+1)^x(a>-1$ 且 $a\neq 0)$ 必过点（　　）.

A. $(-1,1)$　　B. $(0,1)$　　C. $(1,0)$　　D. $(-1,1)$

11. $f(x)=\begin{cases}\log_3 x, & x>0\\ 5^x, & x\leqslant 0\end{cases}$，则 $f[f(1)]=$（　　）.

A. 27　　B. 1　　C. $\log_3 5$　　D. 5^3

12. 函数 $f(x)=\log_a x$，若 $f(3)=-1$，则 $f\left(\frac{1}{9}\right)=$（　　）.

A. 2　　B. 1　　C. 0　　D. 3

二、填空题(本大题共 8 小题,每小题 4 分,共 32 分)

13. 已知$\log_3 5 = a$,$\log_5 8 = b$,则$\log_8 3 =$ ________(用 a,b 表示).

14. 已知函数 $y = a^x (a > 0$ 且 $a \neq 1)$ 在 R 上为减函数,则 $a \in$ ________.

15. 计算:$\log_3 1 + 3^{\log_3 5} - 0.5^{-1} =$ ________.

16. 比较大小:(1) $\log_2 0.3$ ________ $\log_2 0.4$;(2) $\left(\frac{1}{2}\right)^{-2}$ ________ $\left(\frac{1}{2}\right)^{-\frac{1}{2}}$.

17. 化简:$2 \times \sqrt[3]{4} \times \sqrt{8} =$ ________.

18. 若 $x^{\frac{2}{3}} = 9$,则 $x =$ ________.

19. 函数 $y = 2^{\frac{1}{x-1}}$ 的定义域为________.

20. 将$\log_2 \frac{1}{2}$,1,$\log_{0.3} 1$,从左往右按从小到大排列为________________.

三、解答题(本大题共 4 小题,每小题 5 分,共 20 分)

21. 计算:$\log_2 \sqrt{\frac{7}{48}} + \log_2 12 - \frac{1}{2} \log_2 42$.

22. 已知对数函数 $y = \log_a x$ 过点$\left(\frac{9}{4}, 2\right)$,求 a 的值.

23. 写出函数 $y=2^{|x+1|}$ 的单调区间.

24. 已知 $\log_3[\log_5(\log_2 x)]=0$，求 $x^{\frac{1}{2}}$ 的值.

第 5 章　数列

5.1　数列的概念

理论过关

1. 数列中的每一个数叫作数列的________，数列的项数用________表示，数列的前 n 项和为________.

2. 只有有限项的数列叫作________，有无限多项的数列叫作________.

3. 通常把第 n 项记作________，叫作数列 $\{a_n\}$ 的________.

4. 前 n 项和与通项的关系：$S_n = \begin{cases} \_\_\_\_\_\_\_\_, n = 1 \\ \_\_\_\_\_\_\_\_, n \geqslant 2 \end{cases}$.

一、选择题

1. 数列 1，0，1，0，1，… 的一个通项公式是（　　）.

A. $a_n = \dfrac{1-(-1)^{n+1}}{2}$　　B. $a_n = \dfrac{1+(-1)^{n+1}}{2}$

C. $a_n = \dfrac{(-1)^n - 1}{2}$　　D. $a_n = \dfrac{-1-(-1)^n}{2}$

2. 已知数列 $\{a_n\}$ 的通项公式为 $a_n = \dfrac{1-(-1)^{n-1}}{2}$，则该数列的前 4 项依次为（　　）.

A. 1，0，1，0　　B. 0，1，0，1

C. $\dfrac{1}{2}$，0，$\dfrac{1}{2}$，0　　D. 2，0，2，0

3. 数列 2，3，4，5，… 的一个通项公式为（　　）.

A. $a_n = n$　　B. $a_n = n+1$

C. $a_n = n+2$　　D. $a_n = 2n$

4. 已知数列 $\{a_n\}$ 的通项公式为 $a_n = n^2 - n - 50$，则 -8 是该数列的（　　）.

A. 第 5 项　　B. 第 6 项

C. 第 7 项　　D. 非任何一项

二、解答题

5. 根据数列的前几项，写出下列各数列的一个通项公式：

(1) 1，7，13，19，…；

(2) 12，10，8，6，….

6. 已知数列$\{a_n\}$的通项公式为$a_n=\dfrac{1}{n(n+1)}(n\in \mathbf{N}^*)$，那么$\dfrac{1}{120}$是这个数列的项吗？如果是的话，会是第几项呢？

7. 已知数列$\{a_n\}$的通项公式为$a_n=\begin{cases}3n+1, n\text{ 为正奇数}\\4n-1, n\text{ 为正偶数}\end{cases}$，请列出它的前 4 项.

5.2　等差数列

5.2.1　等差数列的定义及通项公式

理论过关

1. 等差数列定义：$a_{n+1}-a_n=$ ________.
2. 等差数列通项公式为________________.

一、选择题

1. 已知等差数列$\{a_n\}$的首项$a_1=1$，公差$d=2$，a_4等于（　　）.

A. 5　　B. 6　　C. 7　　D. 9

2. 已知等差数列$\{a_n\}$中，$a_3=9$，$a_9=3$，则公差d的值为(　　).

A. $\frac{1}{2}$　　B. 1　　C. $-\frac{1}{2}$　　D. -1

3. 在等差数列$\{a_n\}$中，$a_2=5$，$a_6=17$，则$a_{14}=$(　　).

A. 45　　B. 41　　C. 39　　D. 37

4. 下面数列中，是等差数列的有(　　).

①4，5，6，7，8，…　　②3，0，-3，0，-6，…

③0，0，0，0，…　　④$\frac{1}{10}$，$\frac{2}{10}$，$\frac{3}{10}$，$\frac{4}{10}$，…

A. 1个　　B. 2个　　C. 3个　　D. 4个

二、填空题

5. 请写出下列各等差数列的首项和公差：

(1) 等差数列2，4，6，8，10，…的首项是________，公差是________.

(2) 等差数列4，10，16，22，…的首项是________，公差是________.

6. 在等差数列$\{a_n\}$中，$a_{10}=10$，$a_{20}=20$，则$a_{30}=$________.

7. 在等差数列$\{a_n\}$中，$a_1=21$，$a_7=18$，则公差$d=$________.

三、解答题

8. 在等差数列$\{a_n\}$中，已知$a_5=10$，$a_{12}=31$，求它的通项公式.

9. 在等差数列$\{a_n\}$中，

(1) 已知$a_5=-1$，$a_8=2$，求a_1与d；

(2) 已知$a_1+a_6=12$，$a_4=7$，求a_9.

5.2.2 等差数列的前 n 项和公式

理论过关

等差数列前 n 项和公式：(1)$S_n=$ ________；(2)$S_n=$ ________.

一、选择题

1. $1+3+5+\cdots+(2n-1)=$（　　）.

A. n^2　　B. $n(n+1)$　　C. $(n+1)^2$　　D. 都不对

2. 前 n 个正整数的和等于（　　）.

A. n^2　　B. $n(n+1)$　　C. $\frac{1}{2}n(n+1)$　　D. n^2+1

3. 在等差数列 $\{a_n\}$ 中，$a_2=1$，$a_4=5$，则 $\{a_n\}$ 的前 5 项和 $S_5=$（　　）.

A. 7　　B. 15　　C. 20　　D. 25

4. 已知 $\{a_n\}$ 为等差数列，$a_1=35$，$d=-2$，$S_n=0$，则 n 等于（　　）.

A. 33　　B. 34　　C. 35　　D. 36

5. 在等差数列 $\{a_n\}$ 中，$a_2+a_5=19$，$S_5=40$，则 $a_{10}=$（　　）.

A. 27　　B. 24　　C. 29　　D. 48

二、填空题

6. $\{a_n\}$ 为等差数列，S_n 为其前 n 项和，已知 $S_{10}=80$，$a_3=6$，则 $a_8=$ ________.

7. 设等差数列 $\{a_n\}$ 的前 n 项和为 S_n，若 $a_6=S_3=12$，则数列的通项公式 $a_n=$ ________.

8. 已知 S_n 为等差数列 $\{a_n\}$ 的前 n 项和，$a_1=1$，$a_4=7$，$S_n=100$，则 $n=$ ________.

三、解答题

9. 在等差数列 $\{a_n\}$ 中，

(1) 已知 $a_6=10$，$S_5=5$，求 a_8 和 S_8；

(2) 若 $a_1=1$，$a_n=-512$，$S_n=-1\,022$，求 d.

10. 在项数为 n 的等差数列$\{a_n\}$中，前三项之和为 12，最后三项之和为 132，前 n 项之和为 240，求 n 的值.

5.2.3　等差数列的性质

理论过关

1. 等差中项：a,b 的等差中项记为 A，则 $A=$ ________.
2. 已知等差数列$\{a_n\}$，若 $n+m=p+q$，则 $a_n+a_m=$ ________.

一、选择题

1. 两个数 1 与 5 的等差中项是(　　).

A. 1　　B. 3　　C. 2　　D. $\pm\sqrt{3}$

2. 已知$\{a_n\}$为等差数列，$a_2+a_8=12$，则 a_5 等于(　　).

A. 4　　B. 5　　C. 6　　D. 7

3. 在等差数列$\{a_n\}$中，$a_2=1$，$a_4=5$，则$\{a_n\}$的前 5 项和 $S_5=$(　　).

A. 7　　B. 15　　C. 20　　D. 25

4. 在等差数列$\{a_n\}$中，已知 $a_4+a_8=16$，则该数列前 11 项和 $S_{11}=$(　　).

A. 58　　B. 88　　C. 143　　D. 176

5. 已知等差数列$\{a_n\}$中 $S_3=5$，则 $a_2=$(　　).

A. 2　　B. 3　　C. $\frac{3}{5}$　　D. $\frac{5}{3}$

6. 已知等差数列$\{a_n\}$中 $S_{12}=21$，则 $a_2+a_5+a_8+a_{11}=$(　　).

A. 7　　B. 14　　C. 21　　D. 28

7. 在 2 和 14 之间插入 3 个数，使这五个数成等差数列，则它们的和是(　　).

A. 16　　B. 32　　C. 40　　D. 48

二、填空题

8. 在等差数列$\{a_n\}$中，若 $a_6+a_{14}=2$，则 $a_{10}=$ ________.

9. 已知 S_n 为等差数列$\{a_n\}$的前 n 项和，$a_6=100$，则 $S_{11}=$ ________.

10. 在等差数列$\{a_n\}$中，$a_5=120$，则 $a_2+a_4+a_6+a_8=$ ________.

11. 已知等差数列$\{a_n\}$中，a_2 与 a_6 的等差中项为 5，a_3 与 a_7 的等差中项为 7，则 $a_n=$ ________.

三、解答题

12. 在 3 和 18 之间插入两个数，使这 4 个数成等差数列.

13. 已知三个数成等差数列，其和为 15，首末两项的积为 9，求这三个数.

5.3　等比数列

5.3.1　等比数列的定义及通项公式

理论过关

1. 等比数列定义：$\frac{a_{n+1}}{a_n}=$ ________.

2. 通项公式：$a_n=$ ________（其中：首项是 a_1，公比是 q）.

一、选择题

1. 下列为等比数列的是(　　).

A. 1,2,3,4,5,…　　B. 1,1,1,1,…

C. $\pi,\pi+1,\pi+2,\cdots$　　D. 11,121,122,123,…

2. 若等比数列的首项为$\frac{9}{8}$，末项为$\frac{1}{3}$，公比为$\frac{2}{3}$，则这个数列的项数为(　　).

A. 3　　B. 4　　C. 5　　D. 6

3. 已知等比数列$\{a_n\}$满足 $a_1+a_2=3$，$a_2+a_3=6$，则 $a_7=$ (　　).

A. 64　　B. 81　　C. 128　　D. 243

4. 已知$\{a_n\}$是等比数列，$a_2=2$，$a_5=\frac{1}{4}$，则公比$q=$(　　).

A. $-\frac{1}{2}$　　B. -2　　C. 2　　D. $\frac{1}{2}$

5. 在等比数列$\{a_n\}$中，如果$a_6=6$，$a_9=9$，那么a_3等于(　　).

A. 4　　B. $\frac{3}{2}$　　C. $\frac{16}{9}$　　D. 2

6. 在等比数列$\{a_n\}$中，$a_2+a_6=34$，$a_6-a_2=30$，那么a_4等于(　　).

A. 8　　B. 16　　C. ± 8　　D. ± 16

二、填空题

7. 在等比数列$\{a_n\}$中，(1) 若$a_4=27$，$q=-\frac{1}{3}$，则$a_6=$________，$a_n=$________；(2) 若$a_2=18$，$a_4=8$，则$a_n=$________.

8. 设数列$\{a_n\}$是首项为 1，公比为-2的等比数列，则$a_1+|a_2|+a_3+|a_4|=$________.

9. 在 7 和 56 之间插入a，b两数，使 7，a，b，56 成等差数列，插入c，d两数，使 7，c，d，56 成等比数列，则$a+b+c+d=$________.

10. 在等比数列$\{a_n\}$中，$a_1=2$，$a_9=32$，则$q=$________.

11. 在等比数列$\{a_n\}$中，$a_3=20$，$a_6=160$，则$a_n=$________.

三、解答题

12. 一个等比数列$\{a_n\}$中，$a_1+a_4=133$，$a_2+a_3=70$，求这个数列的通项公式.

13. 在-1和 8 之间插入两个数，使其成为等比数列，求插入的两个数.

5.3.2　等比数列的前 n 项和公式

理论过关

等比数列前 n 项和公式：$S_n=\begin{cases}\_\_\_\_\_\_\_\_\_\_\_\_\_\_\_\_\\\_\_\_\_\_\_\_\_\_\_\_\_\_\_\_\_\end{cases}$.

一、选择题

1. 已知等比数列的公比为 2，且前 5 项和为 1，那么前 10 项和等于（　　）.

A. 31　　B. 33　　C. 35　　D. 37

2. 在等比数列 $\{a_n\}$ 中，若 $a_1=1$，$a_4=\frac{1}{8}$，则该数列的前 10 项和为（　　）.

A. $2-\frac{1}{2^8}$　　B. $2-\frac{1}{2^9}$　　C. $2-\frac{1}{2^{10}}$　　D. $2-\frac{1}{2^{11}}$

3. 在各项都为正数的等比数列 $\{a_n\}$ 中，首项 $a_1=3$，前三项和为 21，则 $a_3+a_4+a_5=$（　　）.

A. 33　　B. 72　　C. 84　　D. 189

4. 在等比数列 $\{a_n\}$ 中，已知 $a_2=2$，$a_5=16$，则该数列的前 n 项和 S_n 为（　　）.

A. 2^n　　B. 2^n+1　　C. 2^n-1　　D. $1-2^n$

5. 设首项为 1，公比为 $\frac{2}{3}$ 的等比数列 $\{a_n\}$ 的前 n 项和为 S_n，则（　　）.

A. $S_n=2a_n-1$　　B. $S_n=3a_n-2$

C. $S_n=4-3a_n$　　D. $S_n=3-2a_n$

6. 设 S_n 为等比数列 $\{a_n\}$ 的前 n 项和，$8a_2+a_5=0$，则 $\frac{S_5}{S_2}=$（　　）.

A. 11　　B. 5　　C. -8　　D. -11

二、填空题

7. 等比数列 $\{a_n\}$ 中，$a_1=1$，$a_n=-512$，$S_n=-341$，则公比 $q=$ ________，$n=$ ________.

8. 在等比数列 $\{a_n\}$ 中，$a_1=2$，$q=3$，$S_5=$ ________.

9. 等比数列 $1,\frac{1}{2},\frac{1}{4},\frac{1}{8},\cdots$ 的前 10 项和为________.

三、解答题

10. 在等比数列 $\{a_n\}$ 中，已知 $a_3=\frac{3}{2}$，$S_3=\frac{9}{2}$，求 a_1 与 q.

11. 设等比数列$\{a_n\}$的前 n 项和为S_n，已知$S_4=1$，$S_8=17$，求$\{a_n\}$的通项公式.

12. 在等比数列$\{a_n\}$中，$a_1=6$，$a_4=-\frac{3}{4}$，$S_n=\frac{129}{32}$，求 n 的值.

13. 在等比数列$\{a_n\}$中，$a_3=4$，$a_5=16$，求数列的公比 q 和 S_6.

5.3.3　等比数列的性质

理论过关

1. 若G为a，b的等比中项，则$G^2=$________（或$G=$________，等比中项有________个）.

2. 等比数列性质：在等比数列$\{a_n\}$中，若$n+m=u+v$，则$a_n\cdot a_m=$________.

一、选择题

1. 已知 a，b，c 成等比数列，且 $a=2$，$c=6$，则 b 为（　　）.

A. $2\sqrt{3}$　　B. $-2\sqrt{3}$　　C. $\pm2\sqrt{3}$　　D. 18

2. 在等比数列$\{a_n\}$中 $a_2=3$，则 $a_1a_2a_3=$（　　）.

A. 81　　B. 27　　C. 22　　D. 9

3. 已知公差不为零的等差数列$\{a_n\}$中，a_2，a_3，a_7成等比数列，则它的公比为（　　）.

A. -4　　B. $-\frac{1}{4}$　　C. $\frac{1}{4}$　　D. 4

4. 已知$\{a_n\}$是等比数列，$a_2=2$，$a_5=\frac{1}{4}$，则公比$q=$（　　）.

A. $-\frac{1}{2}$　　B. -2　　C. 2　　D. $\frac{1}{2}$

5. 等比数列$\{a_n\}$中，$a_1=\frac{1}{8}$，$q=2$，则a_4与a_8的等比中项是（　　）.

A. ±4　　B. 4　　C. $\pm\frac{1}{4}$　　D. $\frac{1}{4}$

6. 已知等比数列$\{a_n\}$，$a_4=7$，$a_6=21$，则a_8等于（　　）.

A. 35　　B. 63　　C. $21\sqrt{3}$　　D. $\pm21\sqrt{3}$

7. 在等比数列$\{a_n\}$中$a_4a_5=18$，则$a_2a_3a_6a_7=$（　　）.

A. 18　　B. 36　　C. 306　　D. 324

二、填空题

8. 在等比数列$\{a_n\}$中，$a_4=27$，$q=-3$，$a_7=$________.

9. 若等比数列的首项为4，公比为2，则其第3项和第5项的等比中项是________.

10. 等比数列$\{a_n\}$中$a_1a_5=96$，则$a_2a_4=$________.

三、解答题

11. 在等比数列$\{a_n\}$中，若$a_1a_9=64$，$a_3+a_7=20$，求a_{11}.

5.4　数列的应用举例

1. 某商品零售价2018年比2016年上涨25%，欲控制2019年比2016年上涨10%，则2019年应比2018年降价多少？

2. 某礼堂共有25排座位，后一排比前一排多两个座位，最后一排有70个座位，问：礼堂共有多少个座位？

3. 一个堆放钢管的V形架的最下面一层放1根钢管，往上每一层都比它下面一层多放一个，最上面一层放30根钢管，求这个V形架上共放着多少根钢管.

4. 用分期付款方式购买电脑，价格为每台11 500元，可以用以下方式付款：购买当天先付1 500元，以后每月交付500元，并先加付欠款利息，月利率1%（即欠款1%利息不计入欠款），在交付1 500元后第一个月开始为分期付款的第一个月. 问：分期付款的第10个月该交付多少钱？全部货款付清后，买这台电脑实际花了多少钱？

5. 某制糖厂今年制糖5万吨，如果平均每年的产量比上一年增加10%，那么从今年起，几年内可以使总产量达到30万吨（保留到个位）？

6. 某家庭预购置一套40万元的商品房，要求购房当天付首付16万元，欠款24万元需贷款，贷款期限10年(120个月)，每月还欠款2 000元，加付欠款利息，月利率为0.4%，购买后下一个月当天开始付款，以后每月付款一次．问:购买这套商品房实际总价多少元?

7. 某家庭预购置一套40万元的商品房，要求购房当天付首付16万元，欠款24万元需贷款，贷款期限10年(120个月)，按分期付款的方式偿还欠款，每月等额还款，月利率为0.4%，购买后下一个月当天开始付款，以后每月付款一次.按复利计算:该家庭每月实际应付款多少元?购买这套商品房实际总价为多少元?

单元总复习

一、选择题

1. 下列数列是有穷数列的是(　　).

A. 2,8,10,15,⋯　　B. 1,3,5,7,⋯

C. 3,-3,3,-3,⋯　　D. 3.1,3.14,3.141,3.1415

2. 数列$\{a_n\}$的通项公式是$a_n=\frac{1}{n(n+1)}$,则$\frac{1}{110}$是这个数列的第(　　)项.

A. 8　　B. 9　　C. 10　　D. 11

3. 三个正数 3,a,27 排成一列,若该数列为等比数列,则公比是(　　).

A. 3　　B. 6　　C. 9　　D. 1

4. 在等差数列$\{a_n\}$中,已知首项为$\frac{5}{2}$,第五项为$\frac{9}{2}$,则公差$d=$(　　).

A. $-\frac{1}{2}$　　B. $\frac{1}{2}$　　C. 1　　D. -1

5. 在等差数列$\{a_n\}$中,已知$S_3=36$,则$a_2=$(　　).

A. 18　　B. 12　　C. 9　　D. 6

6. 已知数列$\{a_n\}$的通项公式为$a_n=3n-5$,那么$a_{2n}=$(　　).

A. $6n-5$　　B. $4n-5$　　C. $2n-5$　　D. $3n-5$

7. 在等比数列$\{a_n\}$中,已知$a_5=\frac{5}{81}$及公比$q=\frac{1}{3}$,则首项为(　　).

A. 6　　B. 5　　C. 4　　D. 3

8. 在等差数列$\{a_n\}$中,公差$d=2$,$S_{20}=480$,则$S_{21}=$(　　).

A. 525　　B. 535　　C. 500　　D. 520

9. 在等比数列$\{a_n\}$中,已知$a_2=2$,$a_6=8$,则$a_4=$(　　).

A. -3　　B. 4　　C. 3 或-3　　D. 4 或-4

10. 在等比数列$\{a_n\}$中,$a_1=5$,$q=\frac{1}{2}$,则$S_5=$(　　).

A. $\frac{159}{16}$　　B. $\frac{31}{32}$　　C. $\frac{155}{16}$　　D. $\frac{311}{32}$

11. 在等差数列$\{a_n\}$中,若已知$a_1=3$,$a_{19}=-\frac{2}{9}$,则a_{10}为(　　).

A. $\frac{1}{2}$　　B. $\frac{29}{18}$　　C. $\frac{25}{18}$　　D. $-\frac{1}{2}$

二、填空题

12. 等差数列$\frac{1}{5}$,$\frac{3}{5}$,1,$\frac{7}{5}$,⋯的通项公式$a_n=$________.

13. 若$\{a_n\}$是等差数列,$a_1=\frac{1}{2}$,$d=3$,则$S_{10}=$________.

14. 若$\{a_n\}$是等比数列，$a_1=\frac{9}{8}$，$a_n=\frac{1}{3}$，$q=\frac{2}{3}$，则 $n=$ ________.

15. 已知$\{a_n\}$是等比数列，$a_1+a_2+a_3=\frac{1}{2}$，$a_4+a_5+a_6=-\frac{27}{2}$，则 $q=$ ________.

三、解答题

16. 已知$\{a_n\}$是等比数列，$a_2=2$，$a_5=16$，求数列的公比 q 与前 6 项的和 S_6.

17. 等差数列中，已知 $S_n=-8$，$d=2$，$a_n=1$，求 a_1 和 n.

数列单元综合测试 A 卷

（时间 90 分钟，满分 100 分）

一、选择题（本大题共 12 小题，每小题 4 分，满分 48 分，在每小题的四个选项中，只有一项是符合题目要求的）

1. 已知数列$\{a_n\}$的通项公式是 $a_n=3n-1$，则 $a_7=$（　　）.

A. 20　　B. 21　　C. 23　　D. 24

2. 已知数列$\{a_n\}$的前 n 项和 $S_n=\dfrac{n}{2n+1}$，则 $a_5=$（　　）.

A. $\dfrac{1}{42}$　　B. $\dfrac{1}{99}$　　C. $\dfrac{4}{5}$　　D. $\dfrac{5}{6}$

3. 在等差数列$\{a_n\}$中，$a_1=2$，$a_5=10$，则公差 $d=$（　　）.

A. 1　　B. 3　　C. 2　　D. 4

4. 已知等差数列$\{a_n\}$中，$a_4=5$，$a_9=15$，则公差 $d=$（　　）.

A. 2　　B. 3　　C. 4　　D. 5

5. 已知数列$\{a_n\}$满足 $a_{n+1}=a_n+3$，且 $a_8=31$，则 a_1 等于（　　）.

A. 10　　B. -10　　C. 3　　D. -3

6. 数列$\{a_n\}$为等差数列，$a_3=7$，$d=-1$，则 $a_n=$（　　）.

A. $8-n$　　B. $10-n$　　C. $12-n$　　D. $2-n$

7. 设 S_n 是等差数列$\{a_n\}$的前 n 项和，已知 $a_2=3$，$a_6=11$，则 $S_7=$（　　）.

A. 13　　B. 35　　C. 49　　D. 63

8. 等差数列$\{a_n\}$中，$a_1=3$，$a_{100}=36$，则 $a_5+a_{96}=$（　　）.

A. 42　　B. 52　　C. 38　　D. 39

9. 已知等比数列$\{a_n\}$中，$a_2=3$，$a_4=27$，则 q 等于（　　）.

A. 3　　B. -3　　C. ± 3　　D. 2

10. 等比数列$\{a_n\}$中，$q=\sqrt{3}$，$a_6=27$，则 $a_1=$（　　）.

A. $\dfrac{\sqrt{3}}{3}$　　B. $3\sqrt{3}$　　C. $\sqrt{3}$　　D. 3

11. 等比数列中，$a_1=8$，$q=\dfrac{1}{2}$，则 $S_3=$（　　）.

A. 13　　B. 14　　C. 15　　D. 16

12. 两个数的等差中项为 20，等比中项为 12，则这两个数为（　　）.

A. 18，22　　B. 9，16　　C. 4，36　　D. 16，24

二、填空题（本大题共 8 小题，每小题 4 分，共 32 分）

13. 已知一个数列的通项公式是 $a_n=n(n-1)$，那么前 4 项分别是________.

14. 在等差数列$\{a_n\}$中，$S_n=n^2-3n$，则 $a_n=$________.

15. 已知等差数列$\{a_n\}$中，$a_7+a_9=16$，$a_3=1$，则 $a_{13}=$________.

16. $\sqrt{3}+1$ 与 $\sqrt{3}-1$ 的等差中项是________.

17. 在等比数列$\{a_n\}$中，$a_1=2$，$q=2$，则 $a_7=$ ________.

18. 在等比数列$\{a_n\}$中，$a_1=1$，公比 $q=\sqrt{2}$，则 $a_n=$ ________.

19. 某剧场共有 18 排座位，第一排有 16 个座位，往后每一排比前一排多 2 个座位，那么该剧场座位的总数为________.

20. 某种细菌在培养过程中，每 30 分钟分裂一次，一分为二．经过 3 小时，一个细菌可繁殖为________个.

三、解答题(本大题共 4 小题，每小题 5 分，共 20 分)

21. 已知 $a_1=2$，$a_{n+1}=2a_n+3$，求 a_4.

22. 求等差数列 3，5，7，… 的通项公式及第 23 项.

23. 在各项均为正数的等比数列$\{a_n\}$中，已知 $a_2=2$，$a_4=18$，求 a_1，q.

24. 已知数列$\{a_n\}$与$\{b_n\}$，若 $a_1=3$ 且对任意正整数 n 满足 $a_{n+1}-a_n=2$，求数列$\{a_n\}$的通项公式及前 n 项和 S_n.

数列单元综合测试B卷

（时间90分钟，满分100分）

一、选择题（本大题共12小题，每小题4分，满分48分，在每小题的四个选项中，只有一项是符合题目要求的）

1. 等差数列$\{a_n\}$中，$a_3=5$，$a_7=13$，则$a_{12}=$（　　）.

A. 16　　B. 17　　C. 20　　D. 23

2. 在等差数列$\{a_n\}$中，$a_1=2$，$d=3$，$a_n=32$，则项数$n=$（　　）.

A. 8　　B. 9　　C. 10　　D. 11

3. 设S为等差数列$\{a_n\}$的前n项和，且$a_3+a_7=10$，则$S_9=$（　　）.

A. 45　　B. 50　　C. 55　　D. 90

4. 在等差数列$\{a_n\}$中，若前10项和$S_{10}=20$，前20项和$S_{20}=60$，那么前30项的和为（　　）.

A. 80　　B. 100　　C. 120　　D. 140

5. 已知等比数列$\frac{1}{4}$，$-\frac{1}{2}$，1，-2，…，则数列的第10项为（　　）.

A. 127　　B. 128　　C. -256　　D. -128

6. 已知数列$\{a_n\}$满足$a_n-2a_{n+1}=0$，且首项为-2，则该数列的第5项为（　　）.

A. $\frac{1}{8}$　　B. $-\frac{1}{8}$　　C. $\frac{1}{16}$　　D. $-\frac{1}{16}$

7. 在等比数列$\{a_n\}$中，已知$a_1=2$，$q=2$，则第5项至第10项的和为（　　）.

A. 2 019　　B. 1 008　　C. 2 016　　D. 1 023

8. 设$\{a_n\}$为等比数列，其中首项$a_1=1$，$a_2=2$，则$\{a_n\}$的前n项和S_n为（　　）.

A. $\frac{n(n+1)}{2}$　　B. $\frac{n(n-1)}{2}$　　C. $2^{n-1}-1$　　D. 2^n-1

9. 在等差数列$\{a_n\}$中，已知$a_6=16$，$S_3=12$，则首项a_1和公差d为（　　）.

A. $a_1=1,d=3$　　B. $a_1=-1,d=3$

C. $a_1=3,d=1$　　D. $a_1=-3,d=1$

10. 在等比数列$\{a_n\}$中，若$a_1\cdot a_7=6$，则$a_3\cdot a_5+a_2\cdot a_6=$（　　）.

A. 4　　B. 12　　C. $\frac{16}{9}$　　D. 6

11. 设$\{a_n\}$是等比数列，且$a_n>0$，$a_2\cdot a_4+2a_3\cdot a_5+a_4\cdot a_6=25$，则$a_3+a_5=$（　　）.

A. 5　　B. 10　　C. 15　　D. 20

12. 安装在一根公共轴上的6个皮带轮的直径成等差数列，前后两个的直径差为1，若较小三个的直径和是69，则较大三个的直径和是（　　）.

A. 72　　B. 75　　C. 78　　D. 207

二、填空题(本大题共 8 小题,每小题 4 分,共 32 分)

13. 若数列$\{a_n\}$为等差数列,$a_3=7$,$a_{10}-a_5=15$,则 $a_n=$ ________.

14. 已知数列$\{a_n\}$中,$a_1=1$,$a_{n+1}=a_n+3$,则 $a_4=$ ________.

15. 等差数列$\{a_n\}$中,$a_4=18$,$a_{11}=32$,则 $d=$ ________,$S_n=$ ________.

16. 在等差数列$\{a_n\}$中,已知 $S_3=9$,$S_6=36$,则 $a_7+a_8+a_9=$ ________.

17. 在等比数列$\{a_n\}$中,$a_3\cdot a_7=4$,则 $a_5=$ ________.

18. 设$\{a_n\}$是等比数列,若 $a_2=3$,$a_4=6$,则 a_8 的值是________.

19. 若$\{a_n\}$是等比数列,$a_1+a_2=9$,$a_3+a_4=27$,则 $a_5+a_6=$ ________.

20. 数列$\{a_n\}$中,如果 $a_{n+1}=\frac{1}{2}a_n(n\geqslant 1)$ 且 $a_1=2$,则数列的前五项的和为________.

三、解答题(本大题共 4 小题,每小题 5 分,共 20 分)

21. 已知在等差数列$\{a_n\}$中,$a_{12}=33$,$a_{22}=63$,求 d 和 a_{32}.

22. 已知$\{a_n\}$是各项为正数的等比数列,$a_4-a_3=8$,$a_1\cdot a_5=16$,求数列的公比 q.

23. 设$\{a_n\}$是公差不为0的等差数列,$a_1=2$且a_1,a_3,a_6成等比数列,求公差d和S_n.

24. 已知数列的通项 $a_n=\frac{1}{n(n+2)}$,求数列的前 n 项和 S_n.

期末测试 A 卷

（时间 120 分钟，满分 100 分）

一、选择题(3 分 × 12 题，共 36 分)

1. 已知集合 $A=\{2,3,a\}$，$B=\{1,4\}$，且 $A\cap B=\{4\}$，则 $a=$（　　）.

A. 1　　B. 2　　C. 3　　D. 4

2. 函数 $y=\sqrt{2x+3}$ 的定义域是（　　）.

A. $(-\infty,+\infty)$　　B. $\left[-\dfrac{3}{2},+\infty\right)$　　C. $\left(-\infty,-\dfrac{3}{2}\right]$　　D. $(0,+\infty)$

3. 设 a,b 为实数，则“$b=3$”是“$a(b-3)=0$”的（　　）.

A. 充分非必要条件　　B. 必要非充分条件

C. 充要条件　　D. 既非充分又非必要条件

4. 不等式 $x^2-5x-6\leqslant 0$ 的解集是（　　）.

A. $\{x\mid -2\leqslant x\leqslant 3\}$　　B. $\{x\mid -1\leqslant x\leqslant 6\}$

C. $\{x\mid -6\leqslant x\leqslant 1\}$　　D. $\{x\mid x\leqslant -1$ 或 $x\geqslant 6\}$

5. 下列函数在其定义域内单调递增的是（　　）.

A. $y=x^2$　　B. $y=\left(\dfrac{1}{3}\right)^x$　　C. $y=\dfrac{3^x}{2^x}$　　D. $y=-\log_3 x$

6. 设 a,b 是任意实数，且 $a>b$，则下列式子正确的是（　　）.

A. $a^2>b^2$　　B. $\dfrac{b}{a}<1$　　C. $\lg(a-b)>0$　　D. $2^a>2^b$

7. 下列各组函数中，表示同一函数的是（　　）.

A. $y=\dfrac{x^2}{x}$ 与 $y=x$　　B. $y=x$ 与 $y=\sqrt{x^2}$

C. $y=x$ 与 $y=\log_2 2^x$　　D. $y=x^0$ 与 $y=1$

8. 设 $f(x)$ 是定义在 R 上的奇函数，已知当 $x\geqslant 0$ 时，$f(x)=x^2-4x^3$，则 $f(-1)=$（　　）.

A. -5　　B. -3　　C. 3　　D. 5

9. 下列运算不正确的是（　　）.

A. $\log_2 10-\log_2 5=1$　　B. $\log_2 10+\log_2 5=\log_2 15$

C. $2^0=1$　　D. $2^{10}\div 2^8=4$

10. 在等比数列 $\{a_n\}$ 中，已知 $a_3=7$，$a_6=56$，则该等比数列的公比是（　　）.

A. 2　　B. 3　　C. 4　　D. 8

11. 等差数列 $\{a_n\}$ 中，$a_2=5$，公差 $d=3$，则该数列的通项公式是（　　）.

A. $a_n=2n-1$　B. $a_n=2n+1$　C. $a_n=3n-1$　D. $a_n=3n+1$

12. 设函数 $f(x)=\begin{cases}x^2+1, x\leqslant 1\\ \dfrac{2}{x}, \quad x>1\end{cases}$，则 $f(f(2))=($　　$)$.

A. 1　B. 2　C. 3　D. 4

二、填空题(3 分×8 题，共 24 分)

13. 已知集合 $A=\{1,3,5,7,9\}$，$B=\{7,9,11\}$，则 $A\cap B=$________，$A\cup B=$________.

14. $|x-2|>0$ 的解集为________.

15. 用区间表示函数 $y=\dfrac{1}{3x-5}$ 的定义域为________.

16. $64^{\frac{2}{3}}\times 2^{-2}\times 16^{-\frac{1}{2}}=$________；$\log_3\dfrac{1}{6}+2\log_3\sqrt{2}=$________；$(0.25)^{-0.5}+\left(\dfrac{1}{27}\right)^{-\frac{1}{3}}-625^{0.25}=$________.

17. 若 $\log_2 x=-3$，则 $x=$________.

18. $y=\log_2 x(x\in(0,8])$ 的值域是________.

19. 已知 8 是 x 与 2 的等比中项，则 $x=$________.

20. 2 048 是等比数列 1,2,4,8,16,… 的第________项.

三、解答题(10 分×4 题，共 40 分)

21. 已知函数 $f(x)=\lg\dfrac{1+x}{1-x}$，(1) 求函数的定义域；(2) 判断函数的奇偶性，并证明.

22. 在等差数列 $\{a_n\}$ 中，$a_2=0$，$d=-2$，求 a_6 与 S_{10}.

23. 在等比数列$\{a_n\}$中,$a_3=\frac{9}{4}$,$a_4=\frac{27}{8}$,求q和S_n.

24. 已知分段函数 $f(x)=\begin{cases}2x+1, x\leqslant 0\\3-x^2, 0<x\leqslant 3\end{cases}$.

(1) 求定义域;

(2) 求 $f(-2)$,$f(0)$,$f(3)$ 的值.

期末测试B卷

(时间120分钟,满分100分)

一、选择题(3分×12题,共36分)

1. 已知集合$M=\{0,1,2,3,4\}$,$N=\{3,4,5\}$,则下列结论正确的是(　　).

A. $M\subseteq N$　　B. $N\subseteq M$

C. $M\cap N=\{3,4\}$　　D. $M\cup N=\{0,1,2,5\}$

2. 函数$y=\dfrac{1}{\sqrt{4+x}}$的定义域是(　　).

A. $(-\infty,-4]$　　B. $(-\infty,-4)$　　C. $[-4,+\infty)$　　D. $(-4,+\infty)$

3. "$x>4$"是"$(x-1)(x-4)>0$"的(　　).

A. 必要非充分条件　　B. 充分非必要条件

C. 充分必要条件　　D. 非充分非必要条件

4. 不等式$\dfrac{2}{x+1}\geqslant 1$的解集是(　　).

A. $\{x\mid -1<x\leqslant 1\}$　　B. $\{x\mid x\leqslant 1\}$

C. $\{x\mid x>-1\}$　　D. $\{x\mid x\leqslant 1$ 或 $x>-1\}$

5. 下列函数为偶函数的是(　　).

A. $y=e^x$　　B. $y=\lg x$　　C. $y=2x$　　D. $y=x^2-3$

6. 有下列运算结果:(1) $(-1)^0=-1$;(2) $\sqrt{a^2}=a$;(3) $(a^{-\frac{1}{2}})^2=a$;(4)$a^{\frac{2}{3}}\div a^{\frac{1}{3}}=a^{\frac{1}{3}}$;(5)$3^{\frac{3}{5}}\times 3^{\frac{5}{3}}=3$,其中正确的个数是(　　).

A. 0个　　B. 1个　　C. 2个　　D. 3个

7. 已知$x>0$,$y>0$,下列式子正确的是(　　).

A. $\ln(x+y)=\ln x+\ln y$　　B. $\ln xy=\ln x\ln y$

C. $\ln xy=\ln x+\ln y$　　D. $\ln\dfrac{x}{y}=\dfrac{\ln x}{\ln y}$

8. 2与16的等差中项是(　　).

A. -9　　B. 9　　C. -18　　D. 18

9. 已知二次函数$f(x)=x^2+2x-3$,则$f(2)=$(　　).

A. 5　　B. -3　　C. -5　　D. 3

10. 已知数列$\{a_n\}$的通项公式为$a_n=\dfrac{1-(-1)^{n-1}}{2}$,则该数列的前4项依次为(　　).

A. 1,0,1,0　　B. 0,1,0,1　　C. $\dfrac{1}{2},0,\dfrac{1}{2},0$　　D. 2,0,2,0

11. 等比数列$\{a_n\}$中，$a_1=3$，$q=-2$，$n=5$，则$S_n=$（　　）.

A. -6　　B. 15　　C. 33　　D. 66

12. 设函数 $f(x)=\begin{cases}\log_{\frac{1}{2}}x, & x>1\\ x, & 0\leqslant x\leqslant 1\\ \dfrac{x}{3}, & x<0\end{cases}$，则下列结论中正确的是（　　）.

A. $f(x)$ 在区间$(1,+\infty)$上是增函数　　B. $f(x)$ 在区间$(-\infty,1]$上是增函数

C. $f\left(\dfrac{\pi}{2}\right)=1$　　D. $f(2)=1$

二、填空题(3 分×8 题，共 24 分)

13. 已知集合 $M=\{x \mid |x|=2\}$，$N=\{-3,1\}$，则 $M\cup N=$________.

14. 函数 $y=\dfrac{\lg(1-x)}{\sqrt{1+x}}$ 的定义域是________.

15. 不等式 $x^2-2x-3<0$ 的解集为________.

16. 在等差数列$\{a_n\}$中，$a_2=1$，$a_4=5$，则$\{a_n\}$的前 5 项和 $S_5=$________.

17. 设函数 $f(x)=\begin{cases}x^2+1, & x\leqslant 1\\ \dfrac{2}{x}, & x>1\end{cases}$，则 $f(f(3))=$________.

18. 在等差数列$\{a_n\}$中，$a_{20}=18$，$d=-3$，$a_{10}=$________.

19. 在等比数列$\{a_n\}$中，$a_1=\dfrac{9}{8}$，$a_n=\dfrac{2}{9}$，公比 $q=\dfrac{2}{3}$，则 $n=$________.

20. 在等差数列$\{a_n\}$中，$a_1=3$，$a_{21}=55$，则 $S_{21}=$________.

三、解答题(10 分×4 题，共 40 分)

21. 计算：

(1) $0.25^{-\frac{1}{2}}\times 0.002\,3^{0}+32^{\frac{2}{5}}+81^{\frac{3}{4}}\times 3^{-3}$；(2) $\dfrac{1}{2}\ln 25+\lg 2-\lg\sqrt{0.01}+\log_3 27$.

22. 在等差数列$\{a_n\}$中，

(1) 已知 $a_4=10$，$a_7=19$，求 a_1 与 d；

(2) 已知 $a_3=9$，$a_9=3$，求 S_{12}.

23. 如图，二次函数 $y=ax^2+bx+c$ 的图像经过 A，B，C 三点．

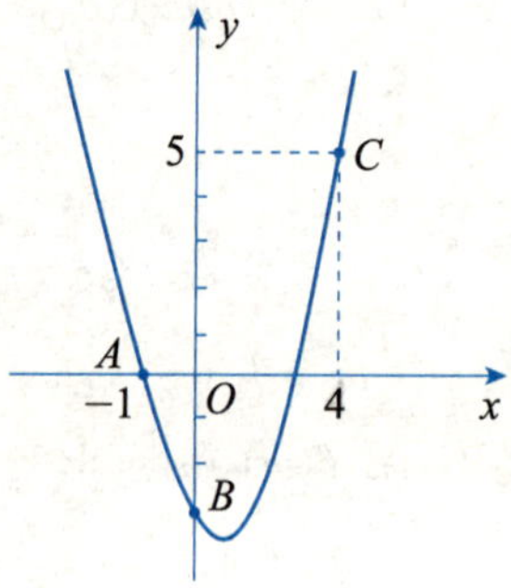

(1) 观察图像，写出 A，B，C 三点的坐标，并求出抛物线的解析式；

(2) 求此抛物线的顶点坐标和对称轴；

(3) 观察图像，当 x 取何值时，$y<0$？

24. 如图，一边靠墙（墙有足够长），其他三边用 12 米长的篱笆围成一个矩形（$ABCD$）花园，求：当长和宽分别是多少米时，这个花园的面积最大？最大面积是多少？